Introduction à la littérature française

Introduction à la littérature française

Edited: **M. B. Bakker**
Associate Principal
Hervormd Lyceum, Amsterdam

D. W. Barnes, MA
Head of Modern Languages
Cheltenham College

Stanley Thornes (Publishers) Ltd.

© 1978 Tjeenk Willink/Noorduijn B.V. and Stanley Thornes (Publishers) Ltd.

1st English Edition 1978

This Edition based on the 1976 (2nd Edition)
version published by Tjeenk/Willink Noorduijn B.V.
Culemborg, The Netherlands

Published by Stanley Thornes (Publishers) Ltd.,
Educa House, Kingsditch, Cheltenham, Glos., England

ISBN 085950 073 X

Table des matières

Avant-propos de la nouvelle édition

Cette nouvelle édition est assez différente des éditions précédentes, surtout en ce qui concerne la présentation, mais le principe est resté le même.

Loin d'être complet, ce livre veut donner un choix d'auteurs qui sont caractéristiques d'une époque ou d'un mouvement littéraire.

L'élève ne doit pas être obligé d'apprendre une série de noms et de titres qui ne lui disent rien. C'est pourquoi on cherchera en vain plusieurs auteurs importants, mais, en revanche, le professeur aura l'occasion, pendant les deux ou trois années dont il dispose, de donner un aperçu de toute la littérature française sans négliger la lecture en classe de quelques textes intégraux.

Les notes et le questionnaire à la fin de chaque chapitre permettent à l'élève de faire un travail individuel et de montrer qu'il a compris le texte.

Je tiens à remercier Mlle Monique Pery, professeur au lycée de Châteauroux, de ses observations bienveillantes.

Deuxième édition
Dans cette édition augmentée on trouvera quelques nouveaux fragments de Pascal et un fragment de Céline (ch. 33). Le livre se termine par deux chapitres supplémentaires, consacrés à des romanciers contemporains: Michel Tournier (ch. 43) et Patrick Modiano (ch. 44).

Amsterdam   M.B.B.

Première édition anglaise

Dans le domaine de la critique littéraire, rien ne devrait remplacer l'étude detaillée d'un texte intégral, mais il m'a semblé que ce petit livre pourrait viser un double but. Tout en donnant une introduction, nécessairement superficielle, à quelques auteurs importants, il pourrait fournir aux étudiants de langue anglaise des extraits susceptibles d'être utilisés comme versions ou même comme explications de texte. Le vocabulaire est publié séparément pour permettre au professeur de choisir l'usage qu'il veut faire de cet ouvrage.

Cheltenham   D.W.B.

1 Aperçu de la littérature du moyen-âge François Villon

(1431—1463?)

1 **La littérature épique** (1050—1150). C'est l'époque des chansons de geste, épopées qui parlent des exploits (gestae) de Charlemagne et ses Paladins ainsi que de quelques autres héros.

Elles sont écrites en vers assonancés et chantées par des jongleurs. La plus célèbre est la *Chanson de Roland* (vers 1100), qui est fondée sur un fait historique: la défaite de l'armée de Charlemagne dans une lutte avec des montagnards basques (778). Mais l'histoire a été transformée en légende: dans le Roland il s'agit d'une croisade contre les Musulmans.

Après une campagne de sept années contre les Sarrasins en Espagne, Charlemagne veut offrir la paix au roi de Saragosse, Marsile. Roland propose Ganelon comme négociateur. Celui-ci, furieux d'être chargé de cette mission dangereuse, décide de se venger. Par sa trahison les Sarrasins peuvent attaquer à Roncevaux l'arrière-garde qui est sous le commandement de Roland. Quand, après un combat courageux, presque toute l'arrière-garde est tuée, Roland sonne du cor. Charlemagne revient pour punir les païens. Voici la laisse 174:

Ço sent Rollant que la mort le tresprent,
Devers la teste sur le quer li descent.
Desuz un pin i est alet curant,
Sur l'erbe verte s'i est culchet adenz,
Desuz lui met s'espée e l'olifan,
Turnat sa teste vers la paiene gent:
Pur ço l'at fait que il voelt veirement
Que Carles diet e trestute sa gent,
Li gentilz quens, qu'il fut mort cunquerant.
Cleimet sa culpe e menut e suvent,
Pur ses pecchez Deu en puroffrid lo guant.

2   **La littérature courtoise** (1150—1350), qui s'adresse à un public de cour, se compose de poésie lyrique et de romans écrits en vers.

La poésie courtoise est née dans le Midi. Les troubadours, suivis plus tard des trouvères du Nord de la France, chantent leur amour dans des chansons, des pastourelles, des aubes.

Le roman courtois emprunte ses sujets soit à l'antiquité soit aux légendes bretonnes.

Le roman de *Tristan et Iseut* raconte l'histoire de deux jeunes gens, fatalement amoureux depuis le jour où ils ont bu un philtre d'amour. L'amour, c'est aussi le thème de la première poétesse française, *Marie de France*. Elle écrit vers 1170 une douzaine de nouvelles en vers, appelées "lais".

Dans les romans de *Chrétien de Troyes* ($\pm$ 1130—1180), on rencontre les chevaliers de la Table Ronde du roi Arthur. Le chevalier ne combat plus pour un idéal chrétien ou féodal comme dans les Chansons de geste, mais pour mériter les faveurs de sa dame. Le merveilleux y occupe une grande place, notamment dans *Perceval*, chevalier qui part à la conquête du Graal. (Le graal, c'est le vase dans lequel Joseph d'Arimathie aurait recueilli le sang du Christ). Enfin, il faut citer la première partie du *Roman de la Rose,* récit allégorique où la Rose est le symbole de la femme aimée. L'auteur est introduit dans un jardin merveilleux et tombe amoureux de la Rose. Aidé par Bel Accueil, il tâche de la conquérir, mais après un baiser la rose est enfermée dans un château gardé par Danger, Honte et Peur.

3   **La littérature bourgeoise** (1150—1350). Les bourgeois, qui deviennent de plus en plus importants, ont leur littérature. Elle se distingue de la littérature courtoise par son réalisme satirique et son esprit gaulois.

Le *Roman de Renart* qui se compose de vingt-sept poèmes indépendants en est l'exemple le plus connu. Le premier groupe de ces branches nous montre Renart, animal rusé, aux prises avec plusieurs animaux mais surtout avec le loup Isengrin. Convoqué à la Cour, il est condamné à être pendu. Il s'en tire, feignant de partir en pèlerinage. Dans ces récits où les animaux représentent des hommes, les auteurs raillent les conditions sociales. Ils parodient les chansons de geste dans les combats et les conseils des animaux.

On dit le plus souvent que le théâtre est d'origine liturgique. Dès le Xe siècle on présente sous une forme dramatique certains éléments de la messe de Pâques et de Noël. D'abord on suit d'assez près le texte de l'office, mais bientôt on ajoute des vers latins. Puis la langue vulgaire se mêle au latin.

Plus tard le drame religieux sort de l'église et s'installe sur le parvis. *Le Jeu d'Adam* (fin du XIIe siècle) est encore proche de cette origine liturgique. Un genre différent est celui des miracles: ce sont des drames qui parlent d'un miracle <u>réalisé par</u> la Vierge ou par un Saint. Vers 1260 le poète *Rutebeuf* fait représenter *le Miracle de Théophile*. C'est l'histoire d'un clerc qui a vendu son âme au diable, mais qui est sauvé par la Vierge.

4   **La littérature des XIVe et XVe siècles.** On a appelé cette période le déclin du moyen-âge. C'est l'époque des troubles causés par la guerre de Cent Ans.

Le théâtre se développe: à côté des miracles et des mystères on voit apparaître des farces. La célèbre farce de *Maître Pierre Pathelin* montre un avocat sans argent qui trompe un marchand de drap, mais qui sera trompé à son tour par un de ses rares clients. La poésie lyrique est surtout représentée par le gentilhomme *Charles d'Orléans* (1394—1465) et par *François Villon,* qui s'impose comme le premier grand poète de la littérature française.

François Villon *(1431—1463?)*

François de Moncorbier, né en 1431 à Paris prend le nom de Villon. C'est le nom d'un parent qui s'est chargé de son éducation. Il fait des études de droit, mais il est mauvais étudiant. Au cours d'une querelle il tue un prêtre qui l'a provoqué. Condamné à quitter Paris, il mène une vie vagabonde et commet plusieurs vols.

En 1461 il est emprisonné à Meung-sur-Loire, mais il est grâcié par le roi Louis XI à l'occasion de son avènement. Après sa sortie de prison il semble se repentir et c'est alors qu'il écrit *Le Grand Testament.*

Mais bientôt il est de nouveau arrêté pour avoir participé à une rixe. A cette occasion il est condamné à être pendu. *La Ballade des Pendus* date de cette époque. Heureusement le Parlement modifie la sentence en dix années d'exil. On ignore ce qu'il est devenu par la suite, parce qu'après 1463 on perd complètement sa trace.

Le Grand Testament, 1461. Comme il l'a fait plus tôt dans ses *Lais,* Villon décide encore une fois de <u>rédiger</u> son testament. Après avoir réfléchi sur sa vie de mauvais garçon et sur la mort, il commence à attribuer des <u>legs</u> fantaisistes.

L'oeuvre se compose de 173 huitains coupés de ballades et de rondeaux.

Le Testament

X

Pour ce que faible je me sens
Trop plus de biens que de santé,
Tant que je suis en mon plein sens,
Si peu que Dieu m'en a prêté,
Car d'autre ne l'ai emprunté,
J'ai ce Testament très estable
Fait, de dernière volonté,
Seul pour tout et irrévocable.

XI

Ecrit l'ai l'an soixante et un
Que le bon roi me délivra
De la dure prison de Meun,
Et que vie me recouvra,
Dont suis, tant que mon coeur vivra,
Tenu vers lui m'humilier,
Ce que ferai tant qu'il mourra:
Bienfait ne se doit oublier.

. . . .

XXII

Je plains le temps de ma jeunesse
(Auquel j'ai plus qu'autre galé
Jusqu'à l'entrée de vieillesse)
Qui son partement m'a celé.
Il ne s'en est à pied allé
N'à cheval: hélas! comment donc?
Soudainement s'en est volé
Et ne m'a laissé quelque don.

XXIII

Allé s'en est, et je demeure,
Pauvre de sens et de savoir,
Triste, failli, plus noir que meure,
Qui n'ai cens ne rente n'avoir;
Des miens le moindre, je dis voir,
De me désavouer s'avance,
Oubliant naturel devoir
Par faute d'un peu de chevance.

. . . .

LXXXV

Premier, je donne ma pauvre âme
A la bénite Trinité,
Et la commande à notre Dame,
Chambre de la divinité,
Priant toute charité
Des dignes neuf Ordres des Cieux
Que par eux soit ce don porté
Devant le trône précieux.

LXXXVI

Item, mon corps j'ordonne et laisse
A notre grand mère la terre;
Les vers n'y trouveront grand graisse,
Trop lui a fait faim dure guerre.
Or lui soit délivré grand erre:
De terre vint, en terre tourne;
Toute chose, si par trop n'erre,
Volontiers en son lieu retourne.

. . . .

Ballade des Pendus

Frères humains qui après nous vivez,
N'ayez les coeurs contre nous endurcis,
Car, si pitié de nous pauvres avez,
Dieu en aura plus tôt de vous merci.
Vous nous voyez ci attachés cinq, six:
Quant à la chair, que trop avons nourrie,
Elle est pieça dévorée et pourrie,
Et nous, les os, devenons cendre et poudre.
De notre mal personne ne s'en rie,
Mais priez Dieu que tous nous veuille absoudre!

Si vous clamons frères, pas n'en devez
Avoir dédain, quoique fûmes occis
Par justice. Toutefois, vous savez
Que tous hommes n'ont pas bon sens rassis;
Excusez-nous — puisque sommes transis —
Envers le fils de la Vierge Marie,
Que sa grâce ne soit pour nous tarie,
Nous préservant de l'infernale foudre.
Nous sommes morts, âme ne nous harie;
Mais priez Dieu que tous nous veuille absoudre!

La pluie nous a débués et lavés,
Et le soleil desséchés et noircis;
Pies, corbeaux, nous ont les yeux cavés,
Et arraché la barbe et les sourcils.
Jamais nul temps, nous ne sommes assis;
Puis çà, puis là, comme le vent varie,
A son plaisir sans cesser nous charrie,
Plus becquetés d'oiseaux que dés à coudre.
Ne soyez donc de notre confrérie,
Mais priez Dieu que tous nous veuille absoudre!

Prince Jésus, qui sur tous as maistrie,
Garde qu'Enfer n'ait de nous seigneurie:
A lui n'ayons que faire ni que soudre.
Hommes, ici n'usez de moquerie,
Mais priez Dieu que tous nous veuille absoudre!

Questions:

1   Comment divise-t-on la littérature avant le XIVe siècle?
2   Parlez de *la Chanson de Roland*.
3   Quelle est la différence entre une chanson de geste et un roman courtois?
4   Que savez-vous de l'origine du théâtre?
5   Que savez-vous de la jeunesse de Villon?
6   Quand écrit-il *Le Grand Testament?*
7   Parlez de la forme de cet ouvrage.
8   A quelle occasion compose-t-il la *Ballade des Pendus?*
9   A qui s'adresse-t-il dans cette ballade?
10   Qu'est-ce qui reste des pendus?
11   Qu'est-ce qu'ils demandent aux vivants?

2 La Renaissance
François Rabelais
(1494—1553)

Le mot **Renaissance** (de la civilisation antique) date du XIXe siècle, mais
dès le XVIe siècle on a eu l'idée de la naissance d'un monde nouveau.

C'est l'époque des découvertes et des inventions. D'autre part les Français
qui font la guerre en Italie y trouvent une civilisation plus raffinée que
chez eux. Puis on recommence à lire les grands auteurs grecs et latins dans
le texte même. C'est ainsi que peut naître le *mouvement humaniste* qui,
par l'étude de la civilisation antique, redécouvre l'homme.

En même temps le besoin d'une *réforme* de la religion se fait sentir: la
bible est désormais la source du sentiment religieux, et non les dogmes
et les rites. Certains chrétiens rompent avec l'église catholique: huguenots
(partisans de Calvin) et catholiques s'affrontent dans les guerres de religion
qui marquent la dernière partie du siècle.

François Rabelais

A l'âge de 36 ans, le moine bénédictin Rabelais va étudier la médecine, et
devient quelques années plus tard médecin à l'hôptital de Lyon.

A la foire de 1532 il voit un livre qui raconte les aventures d'un géant
nommé Gargantua.

Ce récit l'amuse et il décide d'en écrire la suite. Ce sera *Pantagruel,* deux
années plus tard suivi de *Gargantua.* Ces livres ne sont pas des romans
mais plutôt une série d'aventures bizarres et comiques. On y distingue
plusieurs parties, car successivement il est question de la naissance, de
l'enfance, de l'éducation et des exploits guerriers des géants.

Influence de la Renaissance. Derrière la gaîté on découvre la philosophie
de Rabelais. Il voue un grand culte aux écrivains grecs et latins, qui doi-
vent jouer un grand rôle dans l'éducation.

Rabelais est un humaniste: il a une grande confiance dans l'homme et dans
l'avenir de l'humanité. Il est optimiste: toute son oeuvre respire la joie
de vivre.

Influence du moyen-âge. Pourtant, il garde encore plusieurs traits du moyen-âge. La vulgarité de certaines plaisanteries et quelques procédés de style (calembours, accumulations de verbes ou d'adjectifs, allitérations) en témoignent.

Fragment de la lettre de Gargantua à Pantagruel

"Maintenant toutes disciplines sont restituées, les langues restaurées: la grecque, sans laquelle c'est honte qu'une personne se dise savante; l'hébraïque, la chaldaïque, la latine. Les impressions tant élégantes et correctes en usage qui ont été inventées de mon temps par inspiration divine, comme à contre-fil, l'artillerie par suggestion diabolique.

Tout le monde est plein de gens savants, précepteurs très doctes, de bibliothèques très amples, si bien qu'il m'est avis que ni au temps de Platon, ni de Cicéron, ni de Papinien, il n'était telle commodité d'étude qu'on y voit maintenant, et ne se faudra plus dorénavant trouver en place ni en compagnie celui qui ne sera bien poli en l'officine de Minerve. Je vois les brigands, les bourreaux, les aventuriers, les pale-freniers de maintenant plus doctes que les docteurs et prêcheurs de mon temps.

Que dirai-je? Les femmes et les filles ont aspiré à cette louange et manne céleste de bonne doctrine. Tant y a qu'en l'âge où je suis, j'ai été contraint d'apprendre les lettres grecques, lesquelles je n'avais méprisées, comme Caton, mais que je n'avais eu loisir d'apprendre en mon jeune âge, et volontiers je me délecte à lire les *Moraux* de Plutarque, les beaux *Dialogues* de Platon, les *Monuments* de Pausanias et *Antiquités* d'Athénée, attendant l'heure qu'il plaira à Dieu mon créateur de m'appeler et de me commander de sortir de cette terre.

C'est pourquoi, mon fils, je t'admoneste que tu emploies ta jeunesse à bien profiter en étude et en vertus."...

Frère Jean

En l'abbaye était pour lors un moine cloîtré nommé frère Jean des Entommeures, jeune, galant, pimpant, alerte, bien adroit, hardi, aventureux, décidé, haut, maigre, bien fendu de gueule, bien avantagé en nez, beau dépêcheur d'heures, beau débrideur de messes, beau décrotteur de vigiles, pour tout dire sommairement un vrai moine si oncques il en fut depuis que le monde moinant moina de moinerie; au reste, savant jusqu'aux dents en matière de bréviaire. Celui-ci, entendant le bruit que faisaient les ennemis par le clos de leur vigne, sortit dehors pour voir ce qu'ils faisaient, et s'avisant qu'ils vendangeaient leur clos auquel était fondée leur boisson de toute l'année, il retourna au choeur de l'église où étaient les autres moines, tout étonnés comme fondeurs de cloches; et les voyant chanter *ini, nim, pe, ne, ne, ne, ne, ne, ne, tum, ne, num, num, ini, i, mi, imi, co, o, ne, no, o, o, ne, no, ne, no, no, no, rum, ne, num, num:* "C'est, dit-il, bien chié chanté. Vertudieu! que ne chantez-vous:

Adieu paniers, vendanges sont faites?

Je me donne au diable s'ils ne sont pas en notre clos, et s'ils ne coupent si bien et ceps et raisins qu'il n'y aura, cordieu! de quatre années que grappiller là-dedans. Ventre-saint-Jacques! que boirons-nous cependant, nous autres pauvres diables? Seigneur Dieu, *da mihi potum!*"

Alors le prieur du cloître dit:

— Que vient faire cet ivrogne ici? qu'on me le mène en prison. Troubler ainsi le service divin!

— Mais, dit le moine, le service du vin, faisons tant qu'il ne soit troublé: car vous-même, monsieur le prieur, aimez boire du meilleur; ainsi fait tout homme de bien. Jamais homme noble ne hait le bon vin: c'est un apophtegme monacal. Mais ces répons que vous chantez ici ne sont, pardieu! point de saison.

Ce disant, il mit bas son grand habit et se saisit du bâton de la croix, qui était de coeur de cormier, long comme une lance, rond à plein poing, et quelque peu semé de fleurs de lys, toutes presque effacées. Il sortit ainsi en beau sayon, mit son froc en écharpe, et de son bâton de la croix donna si brusquement sur les ennemis qui, sans ordre, ni enseigne, ni trompette, ni tambourin, parmi le clos vendangeaient — car les porte-guidons et porte-enseignes avaient mis leurs guidons et enseignes à l'orée des murs, les tambourineurs avaient défoncé leurs tambourins d'un côté pour les emplir de raisins, les trompettes étaient chargeés de grappes, chacun était débandé, — il frappa donc si raidement sur eux, sans dire gare, qu'ils les renversait comme des porcs, frappant à tort et à travers, selon la vieille escrime.

Aux uns il écrabouillait la cervelle, aux autres il rompait les bras et les jambes, aux autres il disloquait les vertèbres du cou, cassait les reins, abattait le nez, pochait les yeux, fendait les mandibules, enfonçait les dents en la gueule, défonçait les omoplates, mettait les jambes en marmelade, déboîtait les hanches, bousillait les avant-bras.

Les uns mouraient sans parler, les autres parlaient sans mourir, les uns mouraient en parlant, les autres parlaient en mourant. Les autres criaient à haute voix: "Confession! confession! *Confiteor, miserere, in manus*".

Ainsi, par sa prouesse, furent déconfits tous ceux de l'armée qui étaient entrés dans le clos, jusqu'au nombre de treize mille six cent vingt-deux, sans les femmes et les enfants, cela s'entend toujours.

Questions:

1 Est-ce que le mot Renaissance date du XVIe siècle?
2 Qu'est-ce qui renaît?
3 Parlez de la réforme.
4 Que savez-vous de Rabelais?
5 *Gargantua et Pantagruel,* est-ce un roman?
6 Quelle est l'influence de la Renaissance sur son oeuvre?
7 Frère Jean, que fait-il quand il entend le bruit que fait l'ennemi?
8 Pourquoi est-il tellement fâché?
9 Parlez du style de Rabelais.
10 Cherchez quelques exemples dans le fragment reproduit.

3   La Pléiade

En 1549 paraît le manifeste d'un groupe de sept poètes qui s'appellent la
Pléiade, d'après le nom de la constellation. C'est la *Défense et Illustration
de la langue française*. Cet écrit s'adresse aux latinistes qui nient que le
français soit capable d'être la langue de la science et de la littérature. Les
poètes de la Pléiade sont d'un avis différent; pourtant ils croient que
"*sans l'imitation des Grecs et des Latins nous ne pouvons donner à notre
langue l'excellence et la lumière des autres plus fameuses*". C'est pourquoi
ils veulent renouveler la poésie française en employant les genres poétiques
des Anciens, comme l'ode et l'épigramme ou ceux des Italiens, comme le
sonnet.
Les deux poètes les plus importants de la Pléiade sont Ronsard et Du
Bellay.

Pierre de Ronsard *(1524—1585)*

Pierre de Ronsard, qui appartient comme Du Bellay à une famille noble,
se voit obligé de renoncer à la carrière militaire à cause d'une surdité
précoce. Alors il se consacre aux lettres et étudie le grec et le latin. Il
écrit beaucoup. Ses oeuvres les plus connues sont les *Odes* et les *Amours*.
Les Amours sont des sonnets inspirés de Pétrarque qui s'adressent à des
femmes aimées. Nous ferons suivre une ode inspirée d'Horace (0 fons Ban-
dusiae) et un sonnet à Marie, jeune paysanne qui ne répondait pas à son
amour.

Joachim du Bellay *(1522—1560)*

Joachim du Bellay accompagne son oncle le Cardinal du Bellay à Rome.
D'abord il se réjouit de ce séjour, mais Rome le déçoit profondément. Il
regrette son pays et exprime sa nostalgie dans des sonnets recueillis sous
le titre de *Regrets*.

Ronsard, O Fontaine Bellerie . . .

O Fontaine Bellerie,
Belle fontaine chérie
De nos Nymphes, quand ton eau
Les cache au creux de ta source,
Fuyantes le Satyreau,
Qui les pourchasse à la course
Jusqu'au bord de ton ruisseau,

Tu es la Nymphe éternelle
De ma terre paternelle:
Pour ce en ce pré verdelet
Vois ton Poète qui t'orne
D'un petit chevreau de lait,
A qui l'une et l'autre corne
Sortent du front nouvelet.

L'Eté je dors ou repose
Sur ton herbe, où je compose,
Caché sous tes saules verts,
Je ne sais quoi, qui ta gloire
Enverra par l'univers,
Commandant à la Mémoire
Que tu vives par mes vers.

Ronsard, Sonnet à Marie

Je vous envoie un bouquet, que ma main
Vient de trier de ces fleurs épanies;
Qui ne les eût à ce vêpre cueillies,
Chutes à terre elles fussent demain.

Cela vous soit un exemple certain,
Que vos beautés, bien qu'elles soient fleuries,
En peu de temps cherront toutes flétries,
Et, comme fleurs, périront tout soudain.

Le temps s'en va, le temps s'en va, Madame,
Las! le temps non, mais nous nous en allons,
Et tôt serons étendus sous la lame,
Et des amours, desquelles nous parlons,

Quand serons morts, n'en sera plus nouvelle:
Pour ce aimez-moi, cependant qu'êtes belle.

Du Bellay, Heureux qui, comme Ulysse . . .

Heureux qui, comme Ulysse, a fait un beau voyage,
Ou comme celui-là qui conquit la toison,
Et puis est retourné, plein d'usage et de raison,
Vivre entre ses parents le reste de son âge!

Quand reverrai-je, hélas, de mon petit village
Fumer la cheminée, et en quelle saison
Reverrai-je le clos de ma pauvre maison,
Qui m'est une province, et beaucoup davantage?

Plus me plaît le séjour qu'ont bâti mes aïeux,
Que des palais Romains le front audacieux,
Plus que le marbre dur me plaît l'ardoise fine:

Plus mon Loire gaulois que le Tibre latin,
Plus mon petit Liré que le mont Palatin
Et plus que l'air marin la douceur angevine.

Du Bellay, Marcher d'un grave pas

Marcher d'un grave pas et d'un grave sourci,
Et d'un grave sourire à chacun faire fête,
Balancer tous ses mots, répondre de la tête,
Avec un MESSER NON, ou bien un MESSER SI:

Entremêler souvent un petit ET COSI,
Et d'un SON SERVITOR contrefaire l'honnête,
Et, comme si l'on eût sa part en la conquête,
Discourir sur Florence, et sur Naples aussi:

Seigneuriser chacun d'un baisement de main.
Et suivant la façon du courtisan Romain,
Cacher sa pauvreté d'une brave apparence:

Voilà de cette Cour la plus grande vertu,
Dont souvent mal monté, mal sain et mal vêtu,
Sans barbe et sans argent on s'en retourne en France.

Questions:

1 Qu'est-ce que la Pléiade?
2 Parlez du manifeste de la Pléiade.
3 Par quelles poésies Ronsard est-il devenu célèbre?
4 Expliquez le titre du recueil de Du Bellay.
5 Pourquoi est-ce que Ronsard compare la beauté de Marie à une fleur?
6 Quel conseil lui donne-t-il?
7 Heureux qui comme Ulysse .... Pourquoi est-ce que Du Bellay l'appelle heureux?
8 Pourquoi le poète préfère-t-il le village de Liré à Rome?

4   Les salons
La préciosité

Depuis le début du XVIIe siècle les salons jouent un rôle important dans la littérature française.

Le premier salon littéraire est celui de la Marquise de Rambouillet, qui ouvre son hôtel aux gens du monde et aux hommes de lettres, qui viennent s'y divertir. On s'y amuse à des jeux de société. La littérature n'est qu'un jeu parmi les autres. On fait des sonnets, des épigrammes et de petites poésies sans valeur littéraire. Mais la conversation, qu'on considère comme un art, est l'occupation par excellence. Elle doit être polie, sans qu'aucune pédanterie s'y mêle. On discute de problèmes de langue et de littérature et on s'intéresse beaucoup à la psychologie de l'amour. Le type idéal de l'homme qui fréquente les salons c'est l'honnête homme, "celui qui ne se pique de rien".

L'Hôtel de Rambouillet est à l'origine de la préciosité. Ce mouvement, né du besoin de se distinguer, a contribué à la formation du classicisme, parce que les précieux ont épuré la langue et donné le goût de l'analyse psychologique.

Mais il existe aussi des salons où la Préciosité se perd dans l'affectation et le mauvais goût. C'est surtout le cas des salons de province. Ce sont ces Précieuses-là que *Molière* attaque dans ses *Précieuses ridicules* (1658).

Il se moque de leurs idées sur le mariage puisqu'elles veulent être courtisées longtemps avant de se marier, comme on fait dans les romans interminables de l'époque. (Au fond c'était une réaction contre la tyrannie du mariage: on veut que la femme dispose librement d'elle-même.)

Le besoin de se distinguer se traduit aussi dans le langage. Molière raille le langage affecté des Précieuses ridicules, qui aiment l'exagération (terriblement) et les périphrases (la commodité de la conversation "la chaise"; le conseiller des grâces "le miroir").

Les Précieuses ridicules (1658). Cathos et Madelon qui viennent d'arriver à

Paris, éconduisent leurs deux amis qu'elles jugent trop vulgaires. Ceux-ci décident de se venger: ils envoient leur valet Mascarille déguisé en marquis, suivi de son ami, le "vicomte" de Jodelet.

A la fin de la pièce les deux seigneurs démasquent les valets pour humilier les jeunes filles. Le père de Madelon s'adresse au public en maudissant les poèmes et romans précieux.

Dans le fragment suivant Mascarille récite une poésie ridicule que les jeunes filles admirent.

La poésie du marquis de Mascarille

Cathos	Je trouve que c'est renchérir sur le ridicule, qu'une personne se pique d'esprit et ne sache pas jusqu'au moindre petit quatrain qui se fait chaque jour et, pour moi, j'aurais toutes les hontes du monde s'il fallait qu'on vînt à me demander si j'aurais vu quelque chose de nouveau que je n'aurais pas vu.
Mascarille	Il est vrai qu'il est honteux de n'avoir pas des premiers tout ce qui se fait. Mais ne vous mettez pas en peine; je veux établir chez vous une académie de beaux esprits: et je vous promets qu'il ne se fera pas un bout de vers dans Paris que vous ne sachiez par coeur avant tous les autres.
	Pour moi, tel que vous me voyez, je m'en escrime un peu quand je veux; et vous voyez courir de ma façon, dans les belles ruelles de Paris, deux cents chansons, autant de sonnets, quatre cents épigrammes, et plus de mille madrigaux, sans compter les énigmes et les portraits.
Madelon	Je vous avoue que je suis furieusement pour les portraits; je ne vois rien de si galant que cela.
Mascarille	Les portraits sont difficiles, et demandent un esprit profond: vous en verrez de ma manière qui ne vous déplairont.
Cathos	Pour moi, j'aime terriblement les énigmes.
Mascarille	Cela exerce l'esprit, et j'en ai fait quatre encore ce matin, que je vous donnerai à deviner.
Madelon	Les madrigaux sont agréables, quand ils sont bien tournés.
Mascarille	C'est mon talent particulier, et je travaille à mettre en madrigaux toute l'histoire romaine.
Madelon	Ah! certes, cela sera du dernier beau; j'en retiens un exemplaire au moins, si vous le faites imprimer.
Mascarille	Je vous en promets à chacune un, et des mieux reliés.

	Cela est au-dessous de ma condition; mais je le fais seulement pour donner à gagner aux libraires, qui me persécutent.
Madelon	Je m'imagine que le plaisir est grand de se voir imprimé.
Mascarille	Sans doute. Mais, à propos, il faut que je vous dise un impromptu que je fis hier chez une duchesse de mes amies que je fus visiter, car je suis diablement fort sur les impromptus.
Cathos	L'impromptu est justement la pierre de touche de l'esprit.
Mascarille	Ecoutez donc.
Madelon	Nous y sommes de toutes nos oreilles.
Mascarille	*Oh! oh! je n'y prenais pas garde:* *Tandis que, sans songer à mal, je vous regarde,* *Votre oeil en tapinois me dérobe mon coeur.* *Au voleur! Au voleur! Au voleur! Au voleur!*
Cathos	Ah! mon Dieu! Voilà qui est poussé dans le dernier galant.
Mascarille	Tout ce que je fais a l'air cavalier; cela ne sent point le pédant.
Madelon	Il en est éloigné de plus de deux mille lieues.
Mascarille	Avez-vous remarqué ce commencement *oh! oh!* Voilà qui est extraordinaire, *oh! oh!* comme un homme qui s'avise tout d'un coup, *oh! oh!* de la surprise, *oh! oh!*
Madelon	Oui, je trouve ce *oh! oh!* admirable.
Mascarille	Il semble que cela ne soit rien.
Cathos	Ah! mon Dieu! que dites-vous là? Ce sont de ces sortes de choses qui ne se peuvent payer.
Madelon	Sans doute; et j'aimerais mieux avoir fait ce *oh! oh!* qu'un poème épique.
Mascarille	Tudieu! vous avez le goût bon.
Madelon	Hé! je ne l'ai pas tout à fait mauvais.
Mascarille	Mais n'admirez-vous pas aussi *je n'y prenais pas garde?* *je n'y prenais pas garde,* je ne m'apercevais pas de cela: façon de parler naturelle, *je n'y prenais pas garde. Tandis que, sans songer à mal,* tandis qu' innocemment, sans malice, comme un pauvre mouton, *je vous regarde,* c'est-à-dire je m'amuse à vous considérer, je vous observe, je vous contemple, *votre oeil en tapinois . . .* Que vous semble de ce mot *tapinois?* n'est-il pas bien choisi?
Cathos	Tout à fait bien.
Mascarille	*Tapinois,* en cachette; il semble que ce soit un chat

	qui vient de prendre une souris . . . *Tapinois.*
Madelon	Il ne se peut rien de mieux.
Mascarille	*Me dérobe mon cœur,* me l'emporte, me le ravit.
	Au voleur! au voleur! au voleur! au voleur!
	Ne diriez-vous pas que c'est un homme qui crie et court après un voleur pour le faire arrêter?
	Au voleur! au voleur! au voleur! au voleur!
Madelon	Il faut avouer que cela a un tour spirituel et galant.
Mascarille	Je veux vous dire l'air que j'ai fait dessus.
Cathos	Vous avez appris la musique?
Mascarille	Moi? point du tout.
Cathos	Et comment donc cela se peut-il?
Mascarille	Les gens de qualité savent tout sans avoir jamais rien appris.
Madelon	Assurément, ma chère.
Mascarille	Ecoutez si vous trouverez l'air à votre goût. Hem, hem, la, la, la, la, la, la. La brutalité de la saison a furieusement outragé la délicatesse de ma voix; mais il n'importe, c'est à la cavalière.

(Il chante.)

	Oh! oh! je n'y prenais pas garde, etc.
Cathos	Ah! que voilà un air qui est passionné! Est-ce qu'on n'en meurt point?
Madelon	Il y a de la chromatique là-dedans.
Mascarille	Ne trouvez-vous pas la pensée bien exprimée dans le chant? *Au voleur! au voleur!* Et puis comme si l'on criait bien fort, *au, au, au, au, au voleur!* Et tout d'un coup, comme une personne essoufflée, *au voleur!*
Madelon	C'est là savoir le fin des choses, le grand fin, le fin du fin. Tout est merveilleux, je vous assure; je suis enthousiasmée de l'air et des paroles.
Cathos	Je n'ai encore rien vu de cette force-là.
Mascarille	Tout ce que je fais me vient naturellement; c'est sans étude.
Madelon	La nature vous a traité en vraie mère passionnée, et vous en êtes l'enfant gâté.

Questions:

1 De quoi s'occupe-t-on dans les Salons?
2 Quel est le type idéal de l'homme dans la société du XVIIe siècle?
3 Quelle est l'influence de la préciosité sur la littérature?
4 Et sur l'émancipation de la femme?
5 En quoi consiste la préciosité des *Précieuses ridicules?*
6 Est-ce que Mascarille est un honnête homme?
7 Quel est "le talent particulier" de Mascarille?
8 Sait-il ce que c'est qu'un madrigal?
9 Le cri "Au voleur" se rapporte à quel verbe du vers précédent?
10 Qu'est-ce que ce vers signifie?
11 Cherchez quelques expressions précieuses.

5 Le Classicisme
La Tragédie

Le Classicisme.

Le roi Louis XIV domine la deuxième moitié du XVIIe siècle. Les années glorieuses de son règne correspondent à l'époque classique proprement dite (1660—1685).

Dans la politique comme dans la littérature cette période se caractérise par l'ordre et l'autorité. La littérature doit obéir à des *règles* fondées sur la Raison et l'imitation des Anciens.

Autre trait caractéristique est le *style sobre* qui s'oppose au style exubérant de la période précédente, celle du Baroque.

L'art classique tend à *l'universalité*. Cela signifie qu'il veut échapper aux particularités du temps et du lieu. Puis l'auteur préfère peindre la nature humaine plutôt que l'individu. Il parle peu de ses sentiments personnels (Pascal: le Moi est haïssable), aussi la poésie lyrique n'est-elle pas nombreuse à cette époque.

Le *théâtre* a connu un immense succès au XVIIe siècle. L'intérêt que portaient Richelieu, ministre de Louis XIII, et le roi Louis XIV au théâtre, a beaucoup contribué à ce succès.

La production de cette époque fut abondante et variée, mais nous ne lisons plus guère aujourd'hui que les tragédies classiques de *Corneille* et de *Racine* et les comédies de *Molière*.

Le sujet de la **tragédie** est en général emprunté à l'histoire ou à la mythologie antiques.

Les personnages sont des rois ou des nobles.

Au nom de la Raison la tragédie est soumise à des **règles** inspirées d'Aristote. Ce sont:

— *les trois unités,* à savoir

l'unité de temps: l'action doit se dérouler en 24 heures

l'unité de lieu: l'action doit se passer à un seul endroit

l'unité d'action: la pièce ne doit comporter aucune action secondaire.

— *la bienséance:* on doit éviter les mots vulgaires, les duels et les combats sur la scène.

Voici les conséquences des règles: A cause de l'unité de lieu on a dû choisir un endroit neutre où tous les personnages peuvent se rencontrer, p.ex. la salle d'un palais. L'unité de temps fait qu'une tragédie ne peut être chargée de beaucoup d'événements. *Le Cid,* tragédie de *Corneille,* dépasse les 24 heures et contient encore trop d'événements extérieurs. Aussi l'*Académie française,* fondée en 1634 par Richelieu, juge-t-elle sévèrement la pièce.

Le théâtre de *Racine* est mieux adapté aux unités: il ne nous montre que la dernière partie d'une situation dramatique, la crise.

Pour résumer, on peut dire qu'il y a peu de spectacle et peu d'action sur la scène. L'action est intérieure: le poète peint les mouvements psychologiques des personnages dont la passion se heurte à des obstacles. Cet obstacle peut être d'ordre psychologique (la personne aimée ne répond pas à l'amour) ou social (le monde s'oppose à l'amour).

En ce qui concerne la forme: la tragédie est divisée en cinq actes et compte environ 1800 vers. Le vers est l'alexandrin. c'est un vers de douze syllabes avec une césure au milieu. Le langage est noble et d'une grande sobriété.

Boileau, le théoricien du Classicisme, parle ainsi de la tragédie dans son *Art Poétique* (1674):

Mais nous, que la raison à ses règles engage,
Nous voulons qu'avec art l'action se ménage;
Qu'en un lieu, qu'en un jour, un seul fait accompli
Tienne jusqu'à la fin le théâtre rempli.
Jamais au spectateur n'offrez rien d'incroyable:
Le vrai peut quelquefois n'être pas vraisemblable.
Une merveille absurde est pour moi sans appas:
L'esprit n'est point ému de ce qu'il ne croit pas.
Ce qu'on ne doit point voir, qu'un récit nous l'expose:
Les yeux en le voyant saisiraient mieux la chose;
Mais il est des objets que l'art judicieux
Doit offrir à l'oreille et reculer des yeux.   III. 43—54.

Questions:

1   Nommez trois traits caractéristiques du classicisme.
2   Quels genres dramatiques distingue-t-on au XVIIe siècle?
3   Que savez-vous du sujet et des personnages de la tragédie?
4   Parlez des règles.
5   Quelle est la conséquence des unités de temps et de lieu?
6   Y a-t-il beaucoup d'action sur la scène?
7   Qu'est-ce que veut dire que l'action est intérieure?
8   Qu'est-ce qu'un alexandrin?
9   Qui est le théoricien du Classicisme?
10 Quels deux vers résument les unités?

6   Pierre Corneille

(1606—1684)

Vie. Corneille est né en 1606 à Rouen où il passe la plus grande partie de
sa vie.

Après des études de droit il achète deux charges et pendant plus de vingt
ans il défend les intérêts de la Couronne dans les procès de droits de
chasse et de pêche. Pendant la même période il écrit ses chefs d'oeuvre, e.a.
Le Cid (1636), *Horace* (1640), *Polyeucte* (1643), *Nicomède* (1651).
Cette dernière pièce marque la fin d'une période brillante. Quand, après un
silence de plusieurs années, il revient à la scène, il a encore quelques
succès, mais bientôt il va être éclipsé par son jeune rival Racine. Pourtant
il n'est pas oublié et quand il s'est définitivement retiré du théâtre, on
continue à jouer ses meilleures pièces.

Les personnages de *Corneille* ont une forte volonté, ce qui leur permet de
triompher de leur amour quand celui-ci nuit à leur honneur ou à leur
gloire. Les personnages de *Racine* offrent l'aspect contraire: ils sont
entraînés par leur passion, même quand ils savent qu'elle cause leur perte.

Le Cid, 1636. Rodrigue aime Chimène, mais son père, Don Diègue, est
offensé par le comte Don Gomès, père de Chimène. Son père lui demande
de le venger et Rodrigue doit choisir entre son honneur et son amour. Il
choisit l'honneur et tue le Comte.
Alors c'est à Chimène de faire un choix. Elle demande au roi la mort de
son amant, mais le roi refuse, surtout après l'éclatante victoire qu'emporte
Rodrigue contre les Maures, et qui lui vaut le nom du Cid.
Chimène fait appel au jugement de Dieu: elle épousera le vainqueur d'un
duel entre Rodrigue et un rival. Rodrigue triomphe et le mariage aura lieu.

Rodrigue provoque Le Comte

Rodrigue	A moi, Comte, deux mots.
Le Comte	Parle.
Rodrigue	Ote-moi d'un doute.

Connais-tu bien don Diègue?

Le Comte	Oui.
Rodrigue	Parlons bas; écoute.

Sais-tu que ce vieillard fut la même vertu,
La vaillance et l'honneur de son temps? le sais tu?

Le Comte	Peut-être.
Rodrigue	Cette ardeur que dans les yeux je porte,

Sais-tu que c'est son sang? le sais-tu?

Le Comte	Que m'importe?
Rodrigue	A quatre pas d'ici je te le fais savoir.
Le Comte	Jeune présomptueux!
Rodrigue	Parle sans t'émouvoir.

Je suis jeune, il est vrai; mais aux âmes bien nées
La valeur n'attend pas le nombre des années.

Le Comte	Te mesurer à moi! qui t'a rendu si vain,
	Toi qu'on n'a jamais vu les armes à la main?
Rodrigue	Mes pareils à deux fois ne se font point connaître,
	Et pour leurs coups d'essai veulent des coups de
	maître.
Le Comte	Sais-tu bien qui je suis?
Rodrigue	Oui: tout autre que moi

Au seul bruit de ton nom pourrait trembler d'effroi.
Les palmes dont je vois ta tête si couverte
Semblent porter écrit le destin de ma perte.
J'attaque en téméraire un bras toujours vainqueur:
Mais j'aurai trop de force, ayant assez de coeur.
A qui venge son père, il n'est rien impossible.
Ton bras est invaincu, mais non pas invincible.

Le Comte	Ce grand coeur qui paraît aux discours que tu tiens,

Par tes yeux, chaque jour se découvrait aux miens;
Et, croyant voir en toi l'honneur de la Castille,
Mon âme avec plaisir te destinait ma fille.
Je sais ta passion, et suis ravi de voir
Que tous ses mouvements cèdent à ton devoir.
Mais je sens que pour toi ma pitié s'intéresse.
J'admire ton courage et je plains ta jeunesse.
Ne cherche point à faire un coup d'essai fatal,
Dispense ma valeur d'un combat inégal.
Trop peu d'honneur pour moi suivrait cette victoire:

	A vaincre sans péril, on triomphe sans gloire,
	On te croirait toujours abattu sans effort,
	Et j'aurais seulement le regret de ta mort.
Rodrigue	D'une indigne pitié ton audace est suivie;
	Qui m'ose ôter l'honneur craint de m'ôter la vie!
Le Comte	Retire-toi d'ici.
Rodrigue	Marchons sans discourir.
Le Comte	Es-tu si las de vivre?
Rodrigue	As-tu peur de mourir?
Le Comte	Viens, tu fais ton devoir, et le fils dégénère
	Qui survit un moment à l'honneur de son père.

II, 2.

Questions:

1   Que savez-vous de la vie de Corneille?
2   Quelles sont ses principales tragédies?
3   Comment l'Académie juge-t-elle le Cid et pourquoi?
4   Comparez les personnages de Corneille à ceux de Racine.
5   Qui est Rodrigue?
6   Quel choix doit-il faire?
7   Rodrigue sait bien que le Comte connaît son père. Pourquoi dit-il: "ôtez-moi d'un doute"?
8   Quel est le caractère de Rodrigue?
9   Est-ce que le Comte est fâché contre Rodrigue?
10   Pourquoi ne veut-il pas se battre avec Rodrigue?
11   Quels mots prononcés par le Comte montrent que Rodrigue est un vrai personnage cornélien?
12   Est-ce que le spectateur voit le duel sur la scène?

Molière (page 38)

Une représentation au XVIIe siècle.
Remarquez les spectateurs installés sur la scène
et l'éclairage au moyen de chandelles.

7 Jean Racine

(1639—1699)

Vie. Orphelin à l'âge de quatre ans, Jean Racine est élevé chez sa grand-mère paternelle qui est gagnée aux idées jansénistes. Il fréquente les Petites Ecoles de Port-Royal où il reçoit la leçon d'éminents érudits qui se sont retirés du monde. Il y apprend très bien le grec.

Après avoir quitté Port-Royal il ne tarde pas à en oublier les leçons édifiantes. Il fréquente une société assez libre. Pourtant, à 22 ans il part pour Uzès dans l'espoir d'obtenir un bénéfice ecclésiastique. Il ne réussit pas. De retour à Paris, il fait représenter sa première pièce par Molière et se brouille avec Port-Royal qui condamne le théâtre. (p. 46).

Sa carrière dramatique est commencée. De 1667 à 1677 il écrit plusieurs chefs d'oeuvre: *Andromaque, Britannicus, Phèdre,* qui toutes sont jouées par la troupe de l'Hôtel de Bourgogne, rivale de celle de Molière.

L'année 1677 est très importante pour Racine. À propos de Phèdre il a une grave querelle. Puis il se marie et va mener une vie plus régulière. Enfin le roi le nomme historiographe. Comme on ne considère pas le métier d'écrivain comme aussi sacré qu'aujourd'hui, Racine renonce sans peine à la carrière dramatique et préfère occuper dans la société une place plus brillante.

Pourtant il y revient plus tard à la demande de Mme de Maintenon. Il écrit deux tragédies bibliques, *Esther* et *Athalie,* destinées aux jeunes filles nobles qui reçoivent leur éducation à Saint-Cyr. Vers la fin de sa vie Racine se réconcilie avec Port-Royal et à sa mort on l'enterre au pied de la fosse d'un ancien maître.

Britannicus, 1669. Agrippine a épousé en troisièmes noces l'empereur Claude. Elle l'a empoisonné et elle a fait couronner son fils Domitius, qui prend le nom de Néron. Après quelque temps il commence à se soustraire à l'influence de sa mère qui veut garder le pouvoir.

La situation s'aggrave quand la pièce commence: Néron vient d'enlever

Junie que sa mère avait destinée à Britannicus, fils de Claude et héritier légitime du trône. Quand l'empereur déclare son amour à Junie, celle-ci ne l'accepte pas. Furieux, Néron l'oblige à feindre de la froideur pour Britannicus. Le malentendu est dissipé quand les deux amants peuvent se parler à coeur ouvert. Mais Néron les surprend.

Néron	Prince, continuez des transports si charmants.
	Je conçois vos bontés par ses remercîments,
	Madame: à vos genoux je viens de le surprendre.
	Mais il aurait aussi quelque grâce à me rendre:
	Ce lieu le favorise, et je vous y retiens
	Pour lui faciliter de si doux entretiens.
Britannicus	Je puis mettre à ses pieds ma douleur ou ma joie
	Partout où sa bonté consent que je la voie;
	Et l'aspect de ces lieux où vous la retenez
	N'a rien dont mes regards doivent être étonnés.
Néron	Et que vous montrent-ils qui ne vous avertisse
	Qu'il faut qu'on me respecte et que l'on m'obéisse?
Britannicus	Ils ne nous ont pas vu l'un et l'autre élever,
	Moi pour vous obéir, et vous pour me braver;
	Et ne s'attendaient pas, lorsqu'ils nous virent naître,
	Qu'un jour Domitius me dût parler en maître.
Néron	Ainsi par le destin nos voeux sont traversés:
	J'obéissais alors, et vous obéissez.
	Si vous n'avez appris à vous laisser conduire,
	Vous êtes jeune encore, et l'on peut vous instruire.
Britannicus	Et qui m'en instruira?
Néron	Tout l'Empire à la fois.
	Rome.
Britannicus	Rome met-elle au nombre de vos droits
	Tout ce qu'a de cruel l'injustice et la force,
	Les emprisonnements, le rapt et le divorce?
Néron	Rome ne porte point ses regards curieux
	Jusque dans des secrets que je cache à ses yeux.
	Imitez son respect.
Britannicus	On sait ce qu'elle en pense.
Néron	Elle se tait du moins: imitez son silence.
Britannicus	Ainsi Néron commence à ne se plus forcer.
Néron	Néron de vos discours commence à se lasser.
Britannicus	Chacun devait bénir le bonheur de son règne.
Néron	Heureux ou malheureux, il suffit qu'on me craigne.
Britannicus	Je connais mal Junie, ou de tels sentiments
	Ne mériteront pas ses applaudissements.

Néron	Du moins, si je ne sais le secret de lui plaire,
	Je sais l'art de punir un rival téméraire.
Britannicus	Pour moi, quelque péril qui me puisse accabler,
	Sa seule inimitié peut me faire trembler.
Néron	Souhaitez-la: c'est tout ce que je vous puis dire.
Britannicus	Le bonheur de lui plaire est le seul où j'aspire.
Néron	Elle vous l'a promis, vous lui plairez toujours.
Britannicus	Je ne sais pas du moins épier ses discours.
	Je la laisse expliquer sur tout ce qui me touche,
	Et ne me cache point pour lui fermer la bouche.
Néron	Je vous entends. Hé bien, gardes!
Junie	Que faites-vous?
	C'est votre frère. Hélas! c'est un amant jaloux.
	Seigneur, mille malheurs persécutent sa vie.
	Ah! son bonheur peut-il exciter votre envie?
	Souffrez que de vos coeurs rapprochant les liens,
	Je me cache à vos yeux, et me dérobe aux siens.
	Ma fuite arrêtera vos discordes fatales;
	Seigneur, j'irai remplir le nombre des Vestales.
	Ne lui disputez plus mes voeux infortunés;
	Souffrez que les Dieux seuls en soient importunés.
Néron	L'entreprise, Madame, est étrange et soudaine.
	Dans son appartement, gardes, qu'on la ramène.
	Gardez Britannicus dans celui de sa soeur.
Britannicus	C'est ainsi que Néron sait disputer un coeur.
Junie	Prince, sans l'irriter, cédons à cet orage.
Néron	Gardes, obéissez sans tarder davantage. III, 8.

Néron se décide de se venger de son rival.

Après avoir feint de se réconcilier avec Britannicus il ordonne à son affranchi, le cruel Narcisse, de l'empoisonner.

Après la mort de Britannicus, Junie entre chez les Vestales. Néron, qui ne peut plus l'atteindre, est fou de douleur.

Si l'on fait abstraction des circonstances historiques, l'on trouve ici un sujet éternel: le drame d'un jeune homme qui se soustrait à l'influence de sa mère. Seulement, Néron est un "monstre naissant".

Les reproches d'Agrippine

Néron	*(voyant Agrippine)* Dieux!
Aggrippine	Arrêtez, Néron: j'ai deux mots à vous dire.
	Britannicus est mort, je reconnais les coups;
	Je connais l'assassin.

Néron	Et qui, Madame?
Agrippine	Vous.
Néron	Moi! Voilà les soupçons dont vous êtes capable

Il n'est point de malheur dont je ne sois coupable;
Et si l'on veut, Madame, écouter vos discours,
Ma main de Claude même aura tranché les jours.
Son fils vous était cher: sa mort peut vous confondre;
Mais des coups du destin je ne puis pas répondre.

Agrippine Non, non, Britannicus est mort empoisonné:
Narcisse a fait le coup, vous l'avez ordonné.

Néron Madame, mais qui peut vous tenir ce langage?

Narcisse He! Seigneur, ce soupçon vous fait-il tant d'outrage?
Britannicus, Madame, eut des desseins secrets
Qui vous auraient coûté de plus justes regrets.
Il aspirait plus loin qu'à l'hymen de Junie:
De vos propres bontés il vous aurait punie.
Il vous trompait vous-même; et son coeur offensé
Prétendait tôt ou tard rappeler le passé.
Soit donc que malgré vous le sort vous ait servie,
Soit qu'instruit des complots qui menaçaient sa vie,
Sur ma fidélité César s'en soit remis,
Laissez les pleurs, Madame, à vos seuls ennemis.
Qu'ils mettent ce malheur au rang des plus sinistres,
Mais vous . . .

Agrippine Poursuis, Néron: avec de tels ministres,
Par des faits glorieux tu te vas signaler.
Poursuis. Tu n'as pas fait ce pas pour reculer.
Ta main a commencé par le sang de ton frère;
Je prévois que tes coups viendront jusqu'à ta mère.
Dans le fond de ton coeur je sais que tu me hais;
Tu voudrais t'affranchir du joug de mes bienfaits.
Mais je veux que ma mort te soit même inutile.
Ne crois pas qu'en mourant je te laisse tranquille.
Rome, ce ciel, ce jour que tu reçus de moi,
Partout, à tout moment, m'offriront devant toi.
Tes remords te suivront comme autant de furies;
Tu croiras les calmer par d'autres barbaries;
Ta fureur, s'irritant soi-même dans son cours,
D'un sang toujours nouveau marquera tous tes jours.
Mais j'espère qu'enfin le ciel, las de tes crimes,
Ajoutera ta perte à tant d'autres victimes;
Qu'après t'être couvert de leur sang et du mien,
Tu te verras forcé de répandre le tien;
Et ton nom paraîtra, dans la race future,

Aux plus cruels tyrans une cruelle injure.
Voilà ce que mon coeur se présage de toi.
Adieu: tu peux sortir.

Néron   Narcisse, suivez- moi.   V, 6.

Questions:

1   Que savez-vous de la jeunesse de Racine?
2   Pourquoi l'année 1677 est-elle si importante dans sa vie?
3   Nommez quelques-unes de ses pièces.
4   A quelle époque se passe l'action de Britannicus?
5   Quel est le sujet de la pièce?
6   Dans quelle position Néron surprend-il les amoureux?
7   Quels sont les lieux dont on parle?
8   Qu'est-ce que Rome représente pour l'empereur?
9   Par quels mots Néron se montre-t-il un vrai tyran?
10 Dans quel domaine Britannicus est-il vainqueur?
11 Quelle est la seule chose que Néron puisse faire?
12 Qu'est-ce que Junie propose pour apaiser la querelle?
13 Par quel sarcasme est-ce que Britannicus irrite l'empereur encore?
14 Montrez que Néron a une mauvaise conscience quand il rencontre sa mère.
15 A quel crime est-ce que Néron fait allusion?
16 De quoi est-ce que Narcisse accuse Britannicus?
17 Quelles sont les prédictions d'Agrippine? A-t-elle raison?
18 Par quels mots Agrippine se montre-t-elle une dernière fois majestueuse?

8   Molière

(1622—1673)

Avant Molière il n'y avait guère que des comédies d'intrigue et des farces. Quoique Molière ait écrit des *farces*, comme *Les Fourberies de Scapin*, il doit sa renommée à ses pièces satiriques où il peint les caractères (*comédie de caractère*) et les moeurs de son temps (*comédie de moeurs*).

Dans ses pièces il attaque les pères tyranniques, les mauvais médecins, les précieux, les faux dévots: ceux qui contrarient la nature.

Molière voue peu de soin à l'intrigue et le dénouement est parfois assez invraisemblable, mais il utilise admirablement tous les effets dont le théâtre dispose pour faire rire le public.

On retrouve plusieurs types:

— le personnage ridicule (souvent père de famille)
— les jeunes amoureux, dont l'amour est contrarié par la tyrannie du père
— les domestiques, qui se moquent du personnage ridicule et aident les amoureux à faire triompher leur amour
— les raisonneurs, qui conseillent d'éviter les excès et de garder le juste milieu.

Vie. Jean-Baptiste Poquelin est né en 1622 à Paris. Son père espère que son fils lui succédera comme tapissier, mais le jeune homme qui s'intéresse davantage au théâtre, choisit la carrière dramatique et fonde avec ses amis Béjart l'*Illustre Théâtre*. A cette époque il prend le nom de Molière. Mais il n'a pas beaucoup de succès, fait des dettes et passe quelques jours en prison. Au sortir de prison il décide de quitter Paris et avec les Béjart il rejoint une troupe de province dont il devient plus tard le directeur. Pendant treize ans il parcourt la province (1645—1658). De retour à Paris sa troupe joue devant le roi. L'accueil est très favorable. A partir de ce moment commence une période glorieuse. Il écrit ses chefs d'oeuvre, e.a. *Les Précieuses ridicules, Tartuffe, Le Misanthrope, L'Avare*, qu'il joue lui-même.

Mais sa vie privée est moins heureuse. En 1662 il épouse Armande Béjart qui est beaucoup plus jeune que lui. Le mariage n'est pas heureux. La jeune femme le fait souffrir par sa coquetterie. Et puis sa santé laisse de plus en plus à désirer. C'est en jouant le rôle principal du *Malade imaginaire* qu'un accès de toux le surprend. Quelques heures après il meurt.

L'Avare, 1668. Harpagon, l'avare, a deux enfants. Il a destiné sa fille Elise à un vieillard, Anselme, qui l'accepte sans dot. Mais la jeune fille aime Valère qui s'est introduit comme intendant chez Harpagon et flatte l'avarice de ce dernier.

Harpagon veut se marier. Il s'est décidé à épouser Mariane, mais il ignore que son fils Cléante aime la même jeune fille. Lorsqu'il découvre l'amour de son fils, il le maudit.

Alors le valet La Flèche dérobe l'argent de l'avare pour le contraindre à donner son consentement.

Le dénouement est fondé sur une reconnaissance: Mariane et Valère se trouvent être les enfants d'Anselme que celui-ci avait perdus dans un naufrage. Les mariages peuvent avoir lieu, car Harpagon y consent, à condition qu'on lui rende son argent.

Le souper

Harpagon	Valère, aide-moi à ceci. Or ça, maître Jacques, je vous ai gardé pour le dernier.
Maître Jacques	Est-ce à votre cocher, monsieur, ou bien à votre cuisinier, que vous voulez parler? car je suis l'un et l'autre.
Harpagon	C'est à tous les deux.
Maître Jacques	Mais à qui des deux le premier?
Harpagon	Au cuisinier.
Maître Jacques	Attendez donc, s'il vous plaît. *(Maître Jacques ôte sa casaque de cocher, et paraît vêtu en cuisinier.)*
Harpagon	Quelle diantre de cérémonie est-ce là?
Maître Jacques	Vous n'avez qu'à parler.
Harpagon	Je me suis engagé, maître Jacques, à donner ce soir à souper.
Maître Jacques	*(à part)* Grande merveille!
Harpagon	Dis-moi un peu: nous feras-tu bonne chère?
Maître Jacques	Oui, si vous me donnez bien de l'argent.
Harpagon	Que diable, toujours de l'argent! Il semble qu'ils n'aient autre chose à dire: de l'argent, de l'argent, de l'argent! Ah! ils n'ont que ce mot à la bouche, de l'argent! Toujours parler d'argent! Voilà leur épée de chevet, de l'argent.

Valère	Je n'ai jamais vu de réponse plus impertinente que celle-là. Voilà une belle merveille de faire bonne chère avec bien de l'argent! C'est une chose la plus aisée du monde, et il n'y a si pauvre esprit qui n'en fît bien autant; mais pour agir en habile homme, il faut parler de faire bonne chère avec peu d'argent.
Maître Jacques	Bonne chère avec peu d'argent!
Valère	Oui.
Maître Jacques	(à Valère) Par ma foi, monsieur l'intendant, vous nous obligerez de nous faire voir ce secret, et de prendre mon office de cuisinier; aussi bien vous mêlez-vous céans d'être le factotum.
Harpagon	Taisez-vous. Qu'est-ce qu'il nous faudra?
Maître Jacques	Voilà monsieur votre intendant, qui vous fera bonne chère pour peu d'argent.
Harpagon	Haye! je veux que tu me répondes.
Maître Jacques	Combien serez-vous de gens à table?
Harpagon	Nous serons huit ou dix; mais il ne faut prendre que huit. Quand il y a à manger pour huit, il y en a bien pour dix.
Valère	Cela s'entend.
Maître Jacques	Eh bien! il faudra quatre grands potages et cinq assiettes. Potages... Entrées...
Harpagon	Que diable! voilà pour traiter une ville entière.
Maître Jacques	Rôt...
Harpagon	(mettant la main sur la bouche de maître Jacques) Ah! traître, tu manges tout mon bien.
Maître Jacques	Entremets...
Harpagon	(mettant encore la main sur la bouche de maître Jacques) Encore!
Valère	(à maître Jacques) Est-ce que vous avez envie de faire crever tout le monde? et monsieur a-t-il invité des gens pour les assassiner à force de mangeaille? Allez-vous-en lire un peu les préceptes de la santé et demander aux médecins s'il y a rien de plus préjudiciable à l'homme que de manger avec excès.
Harpagon	Il a raison.
Valère	Apprenez maître Jacques, vous et vos pareils, que c'est un coupe-gorge qu'une table remplie de trop de viandes; que, pour se montrer ami de ceux que l'on invite, il faut que la frugalité règne dans les repas qu'on donne; et que, suivant le dire d'un ancien, *il faut manger pour vivre, et non pas vivre pour manger...*

Harpagon	Ah! que cela est bien dit! Approche, que je t'embrasse pour ce mot. Voilà la plus belle sentence que j'aie entendue de ma vie: *Il faut vivre pour manger, et non pas manger pour vi*... Non, ce n'est pas cela. Comment est-ce que tu dis?
Valère	*Qu'il faut manger pour vivre, et non pas vivre pour manger.*
Harpagon	(*à maître Jacques*) Oui. Entends-tu? (*à Valère*) Qui est le grand homme qui a dit cela?
Valère	Je ne me souviens pas maintenant de son nom.
Harpagon	Souviens-toi de m'écrire ces mots: je les veux faire graver en lettres d'or sur la cheminée de ma salle.
Valère	Je n'y manquerai pas. Et pour votre souper, vous n'avez qu'à me laisser faire; je réglerai tout cela comme il faut.
Harpagon	Fais donc.
Maître Jacques	Tant mieux! j'en aurai moins de peine.
Harpagon	(*à Valère*) Il faudra de ces choses dont on ne mange guère, et qui rassasient d'abord; quelque bon haricot bien gras, avec quelque pâte en pot bien garni de marrons.
Valère	Reposez-vous sur moi. III, 5.

Questions:

1 Nommez quelques types de comédies.
2 Qu'est-ce qu'une comédie de moeurs?
3 Qu'est-ce qu'une comédie de caractère?
4 Qui est-ce que Molière attaque?
5 Quels types retrouve-t-on dans ses comédies?
6 Parlez de sa vie.
7 Nommez quelques-unes de ses comédies.
8 Quelles sont les deux fonctions de Maître Jacques?
9 Qu'est-ce qui montre que Harpagon est très avare?
10 Comment Valère flatte-t-il l'avarice de Harpagon?
11 C'est un bon repas que Harpagon propose à Valère?

9   Jean de la Fontaine

(1621—1695)

Vie. La Fontaine est né à Château-Thierry, en Champagne. Après l'échec de son mariage, il se fixe à Paris en 1658. Il fait la connaissance de plusieurs grands seigneurs et il fréquente les milieux artistiques.

Après avoir écrit des *Contes* en vers, il publie en 1668 son premier recueil de *Fables*.

Il est protégé par de riches mécènes, notamment par Madame de Sablière qu'il honore lors de sa réception à l'Académie en 1684.

Les Fables, 1668—1694. Une fable est une poésie narrative d'où l'on peut tirer une morale. Les personnages sont le plus souvent des animaux.

La Fontaine s'inspire surtout des fables d'Esope. Mais il les surpasse par la qualité du récit. Il aime une structure dramatique et se sert beaucoup du dialogue.

La morale est pessimiste: le monde est mauvais. Les puissants et les rusés y triomphent toujours au détriment des faibles. Pourtant, devant le choix entre une vie misérable et la mort, l'homme préfère la vie.

Les enfants français apprennent depuis le XVIIe siècle les fables par coeur, malgré la protestation de Jean-Jacques Rousseau qui estime que la leçon qu'on tire des *Fables* est néfaste aux enfants.

Le loup et l'agneau

La raison du plus fort est toujours la meilleure:
　　Nous l'allons montrer tout à l'heure.

　　Un agneau se désaltérait
　　Dans le courant d'une onde pure.
Un loup survient à jeun qui cherchait aventure,
　　Et que la faim en ces lieux attirait.

Qui te rend si hardi de troubler mon breuvage?
    Dit cet animal plein de rage:
        Tu seras châtié de ta témérité.
    — Sire, répond l'Agneau, que votre Majesté
    Ne se mette pas en colère;
    Mais plutôt qu'elle considère
    Que je me vas désaltérant
    Dans le courant,
    Plus de vingt pas au-dessous d'Elle,
Et que par conséquent, en aucune façon,
        Je ne puis troubler sa boisson.
    — Tu la troubles, reprit cette bête cruelle,
Et je sais que de moi tu médis l'an passé.
    — Comment l'aurais-je fait si je n'étais pas né?
    Reprit l'Agneau, je tette encor ma mère.
        — Si ce n'est toi, c'est donc ton frère.
— Je n'en ai point. — C'est donc quelqu'un des tiens:
    Car vous ne m'épargnez guère,
    Vous, vos bergers, et vos chiens.
On me l'a dit: il faut que je me venge.
Là-dessus, au fond des forêts
    Le Loup l'emporte, et puis le mange,
    Sans autre forme de procès.

Le corbeau et le Renard

    Maître Corbeau, sur un arbre perché,
    Tenait en son bec un fromage.
    Maître Renard, par l'odeur alléché,
    Lui tint à peu près ce langage:
    Hé! bonjour, Monsieur du Corbeau,
Que vous êtes joli! que vous me semblez beau!
    Sans mentir, si votre ramage
    Se rapporte à votre plumage,
    Vous êtes le phénix des hôtes de ce bois.
    A ces mots le Corbeau ne se sent pas de joie;
    Et pour montrer sa belle voix,
    Il ouvre un large bec, laisse tomber sa proie.
    Le Renard s'en saisit, et dit: — Mon bon Monsieur,
    Apprenez que tout flatteur
    Vit au dépens de celui qui l'écoute:
Cette leçon vaut bien un fromage, sans doute.
    Le Corbeau, honteux et confus,
Jura, mais un peu tard, qu'on ne l'y prendrait plus.

La mort et le Bûcheron

Un pauvre Bûcheron, tout couvert de ramée,
Sous le faix du fagot aussi bien que des ans
Gémissant et courbé, marchait à pas pesants,
Et tâchait de gagner sa chaumine enfumée.
Enfin, n'en pouvant plus d'effort et de douleur,
Il met bas son fagot, il songe à son malheur.
Quel plaisir a-t-il eu depuis qu'il est au monde?
En est-il un plus pauvre en la machine ronde?
Point de pain quelquefois, et jamais de repos:
Sa femme, ses enfants, les soldats, les impôts,
     Le créancier et la corvée
Lui font d'un malheureux la peinture achevée.
Il appelle la Mort. Elle vient sans tarder,
     Lui demande ce qu'il faut faire.
     — C'est, dit-il, afin de m'aider
A recharger ce bois; tu ne tarderas guère.
     Le trépas vient tout guérir;
     Mais ne bougeons d'où nous sommes:
     Plutôt souffrir que mourir,
     C'est la devise des hommes.

Voici la traduction de la version d'Esope:
Un jour, un vieillard, ayant coupé du bois et le portant sur le dos, faisait une longue route. Fatigué par la marche, il déposa son fardeau et il appelait la mort. La mort parut et lui demanda pourquoi il l'appelait. Le vieillard répondit: "Pour que tu soulèves mon fardeau".
Cette fable montre que tout homme est attaché à la vie, même s'il est malheureux.

Questions:

1   Qu'est-ce qu'une fable?
2   Quel fabuliste grec a inspiré La Fontaine?
3   Quelle est la morale des *Fables?*
4   Que savez-vous de la structure des *Fables?*
5   Rousseau, que pense-t-il des *Fables?*
6   Quelle est la morale du *Loup et l'Agneau?*
7   Quels sont les deux arguments du loup?
8   Qu'est-ce que l'agneau y répond?
9   Quelle est la dernière accusation?
10   L'agneau en est-il responsable?
11   Expliquez le deuxième vers de *la Mort et le Bûcheron.*
12   Que veut dire "la machine ronde"?
13   Pourquoi le bûcheron est-il tellement malheureux?
14   Quelle est la morale de cette fable?

10   Portraits et réflexions

Blaise Pascal (1623—1662)

Portraits. Dans les Salons du 17e siècle on aime les observations psychologiques, ce qui explique la faveur des portraits littéraires. Molière fait une allusion aux portraits dans les *Précieuses ridicules*.
On en trouve un grand nombre dans les mémoires et les romans précieux de cette époque.
Mais c'est *La Bruyère* qui porte le genre à sa perfection. Dans les portraits de ses *Caractères* il réunit plusieurs traits observés et en fait un type. Cependant, les contemporains ont cherché des clefs, ce qui a beaucoup contribué au succès du livre.

Arrias

Arrias a tout lu, a tout vu, il veut le persuader ainsi; c'est un homme universel, et il se donne pour tel: il aime mieux mentir que de se taire ou de paraître ignorer quelque chose. On parle, à la table d'un grand, d'une cour du Nord: il prend la parole, et l'ôte à ceux qui allaient dire ce qu'ils en savent; il s'oriente dans cette région lointaine comme s'il en était originaire; il discourt des moeurs de cette cour, des femmes du pays, de ses lois et de ses coutumes: il récite des historiettes qui y sont arrivées; il les trouve plaisantes, et il en rit le premier jusqu'à éclater. Quelqu'un se hasarde de le contredire, et lui prouve nettement qu'il dit des choses qui ne sont pas vraies. Arrias ne se trouble point, prend feu au contraire contre l'interrupteur.
"Je n'avance, lui dit-il, je ne raconte rien que je ne sache d'original: je l'ai appris de Sethon, ambassadeur de France dans cette cour, revenu à Paris depuis quelques jours, que je connais familièrement, que j'ai fort interrogé, et qui ne m'a caché aucune circonstance." Il reprenait le fil de sa narration avec plus de confiance qu'il ne l'avait commencée, lorsque l'un des conviés lui dit: "C'est Sethon à qui vous parlez, lui-même, et qui arrive de son ambassade."

Réflexions. Un autre genre très en vogue au 17e siècle est celui des Maximes. On en trouve dans les recueils suivants:

La Rochefoucauld, Réflexions (1665), *Pascal, Pensées* (1670), *La Bruyère, Caractères* (1688)

Blaise Pascal (1623—1662) montre très jeune des dispositions étonnantes pour les mathématiques et invente la machine à calculer.

Pendant plusieurs années il fréquente le monde, mais après un accident de voiture il va mener une vie de méditation à l'abbaye de Port-Royal, foyer des Jansénistes.

Les Jansénistes sont des partisans de Jansenius, un évêque qui a des idées plus austères que l'église catholique en ce qui concerne la grâce: selon lui la grâce n'est accordée qu'aux élus.

Pascal écrit des lettres polémiques contre les jésuites (*Les Provinciales*) et forme le projet d'écrire une apologie du christianisme. Cependant la mort le surprend et nous n'en avons que des notes éparses qui sont partiellement publiées après sa mort sous le titre *Pensées* (1670). Pascal s'y oppose au rationalisme des libertins. Il ne croit pas que la raison seule soit capable d'expliquer l'homme, puisqu'elle est faussée par l'imagination (1) et la coutume (2).

Il nous montre l'homme dans son angoisse fondamentale, (3) perdu entre le néant et l'infini. Mais cette misère voisine avec la grandeur: l'homme est un être pensant (4). Seul le christianisme peut expliquer ce mystère et Pascal en donne des preuves historiques: origine de l'homme, chute, rédemption.

La Rochefoucauld:

— Nos vertus ne sont le plus souvent que des vices déguisés.
— La reconnaissance de la plupart des hommes n'est qu'une secrète envie de recevoir de plus grands bienfaits.
— Le refus des louanges est un désir d'être loué deux fois.
— Nous avons tous assez de force pour supporter les maux d'autrui.
— On ne donne rien si libéralement que ses conseils.
— Les vieillards aiment à donner de bons préceptes pour se consoler de n'être plus en état de donner de mauvais exemples.

La Bruyère:

— Il faut rire avant d'être heureux de peur de mourir sans avoir ri.
— Si la vie est misérable, elle est pénible à supporter; si elle est heureuse, il est horrible de la perdre: l'un revient à l'autre.
— Le plaisir de la critique nous ôte celui d'être vivement touchées de très belles choses.
— La gloire ou le mérite de certains hommes est de bien écrire; et de quelques autres, c'est de n'écrire point.

— Le plus grand philosophe du monde, sur une planche plus large qu'il ne faut, s'il y a au-dessous un précipice, quoique sa raison le convainque de sa sûreté, son imagination prévaudra. Plusieurs n'en sauraient soutenir la pensée sans pâlir et suer. (1)

— "Pourquoi me tuez-vous?"
"Eh quoi! Ne demeurez-vous pas de l'autre côté de l'eau? Mon ami, si vous demeuriez de ce côté, je serais un assassin et cela serait injuste de vous tuer de la sorte; mais puisque vous demeurez de l'autre côté, je suis un brave, et cela est juste." (2)

— Ennui. - Rien n'est si insupportable à l'homme que d'être dans un plein repos, sans passions, sans affaire, sans divertissement, sans application. Il sent alors son néant, son abandon, son insuffisance, sa dépendance, son impuissance, son vide. Incontinent il sortira du fond de son âme l'ennui, la noirceur, la tristesse, le chagrin, le dépit, le désespoir.

D'où vient que cet homme qui a perdu depuis peu de mois son fils unique et qui, accablé de procès et de querelles, était ce matin si troublé, n'y pense plus maintenant? Ne vous en étonnez point: il est tout occupé à voir par où passera ce sanglier que les chiens poursuivent avec tant d'ardeur depuis six heures. Il n'en faut pas davantage. L'homme, quelque plein de tristesse qu'il soit, si on peut gagner sur lui de la faire entrer en quelque divertissement, le voilà heureux pendant ce temps-là; et l'homme, quelque heureux qu'il soit, s'il n'est diverti et occupé par quelque passion ou quelque amusement qui empêche l'ennui de se répandre, sera bientôt chagrin et malheureux. Sans divertissement, il n'y a point de joie; avec le divertissement, il n'y a point de tristesse. Et c'est aussi ce qui forme le bonheur des personnes de grande condition, qu'ils ont un nombre de personnes qui les divertissent, et qu'ils ont le pouvoir de se maintenir en cet état. (3)

— L'homme n'est qu'un roseau, le plus faible de la nature; mais c'est un roseau pensant. Il ne faut pas que l'univers entier s'arme pour l'écraser: une vapeur, une goutte d'eau, suffit pour le tuer. Mais, quand l'univers l'écraserait, l'homme serait encore plus noble que ce qui le tue, parce qu'il sait qu'il meurt, et l'avantage que l'univers a sur lui, l'univers n'en sait rien.

Toute notre dignité consiste donc en la pensée. C'est de là qu'il nous faut relever et non de l'espace et de la durée, que nous ne saurions remplir. Travaillons donc à bien penser: voilà le principe de la morale. (4)

Quéstions:

1	Parlez des *Caractères*.	3	Que savez-vous de Port-Royal?
2	Quel est le caractère d'Arrias?	4	Nommez deux écrivains qui y ont séjourné
		5	Parlez de deux ouvrages de Pascal.
		6	A quoi compare-t-il l'homme?

11 Le siècle des lumières
Voltaire
(1694—1778)

Le Siècle des Lumières. Au XVIIe siècle le philosophe Descartes avait rejeté toute autorité dans le domaine de la métaphysique et de la science, mais il n'avait pas voulu parler de problèmes politiques et religieux.

Les écrivains du XVIIIe siècle, qui aiment à s'appeler *"philosophes"* se prononcent aussi sur ces problèmes, même dans leur oeuvre littéraire. Ainsi la littérature devient un véhicule d'idées et aide à préparer la Révolution. Ces "philosophes" sont rationalistes et optimistes, puisqu'ils croient au progrès des sciences et de la civilisation. En religion ils sont déistes (qui n'acceptent pas le côté irrationel de la religion, mais qui trouvent la preuve de l'existence de Dieu dans la nature) ou athéistes.

Les auteurs les plus importants du siècle: *Montesquieu, Marivaux, Voltaire, Rousseau, Diderot, Beaumarchais.*

Montesquieu montre dans ses *Lettres Persanes* (1721) deux Persans à Paris. Ils s'étonnent des habitudes en France. De cette manière l'auteur peut critiquer la société française.

Marivaux, est un auteur de comédies qui sont une analyse subtile de l'amour (*le Jeu de l'Amour et du Hasard,* 1730).

Diderot dirige la publication de l'*Encyclopédie* (1751-1772) ouvrage en 33 volumes qui résume le progrès des sciences, mais qui est aussi un instrument de critique.

Voltaire. François-Marie Arouet qui prend plus tard le pseudonyme de Voltaire est né en 1694.

D'origine bourgeoise, il commence de bonne heure à fréquenter les grands seigneurs qu'il ravit par son esprit. Mais Voltaire n'est pas seulement spirituel, il est aussi très malicieux. Un jour il est bâtonné par les gens d'un chevalier à qui il a répondu avec impertinence. Furieux, Voltaire le provoque en duel. Cette nouvelle impertinence lui vaut un exil en Angleterre. Après son retour il publie clandestinement Les Lettres Philosophiqves

(1734) dans lesquelles il parle avec admiration de la liberté politique, religieuse et philosophique qui règne en Angleterre.

A la suite de cette publication Voltaire doit se réfugier chez Mme du Châtelet à Cirey, près de la frontière lorraine où il séjourne dix ans. Après cette période Voltaire revient à Paris. Le voilà courtisan, d'abord à Paris, puis en Prusse chez le roi philosophe, Frédéric II. Mais il se brouille avec le roi et retourne en France.

En 1759 il achète le château de Ferney près de la frontière suisse. Il y mène une vie de cour. De nombreux visiteurs viennent le voir, parmi lesquels des princes et même des rois. Le petit village de Ferney profite de son arrivée. La population s'accroît de 50 à 1200 habitants, grâce aux fabriques que Voltaire y a créées. En même temps il continue à écrire.

Mais il fait encore davantage: Il intervient dans les affaires judiciaires et il défend les victimes de l'intolérance.

L'affaire *Calas* est la plus célèbre. Voici ce dont il s'agit. Après le suicide de son fils, la justice accuse faussement le calviniste Calas d'avoir tué son fils, parce que celui-ci aurait manifesté l'intention de se convertir au catholicisme. Calas est supplicié. Voltaire recueille alors sa veuve et deux de ses enfants. Il obtient plus tard que le nom de Calas soit réhabilité.

Quand Voltaire meurt en 1778 son prestige est énorme.

L'Oeuvre de Voltaire est immense. Outre ses écrits philosophiques, e.a. *Lettres philosophiques* (1734) et historiques, e.a. *Le Siècle de Louis XIV* (1751), il a écrit des ouvrages poétiques, des tragédies e.a. *Zaïre* (1732) et des contes philosophiques, e.a. *Candide* (1759).

Dans "Candide" Voltaire se moque de l'optimisme de la philosophie de Leibniz qui croit que Dieu a créé "*le meilleur des mondes possibles*". Candide (= naïf) continue à croire à ce monde, malgré les innombrables malheurs qui lui arrivent. Dans le fragment suivant, Voltaire attaque l'intolérance religieuse contre laquelle il a lutté toute sa vie.

Candide en Hollande

Ses provisions lui manquèrent quand il fut en Hollande; mais ayant entendu dire que tout le monde était riche dans ce pays-là, et qu'on y était chrétien, il ne douta pas qu'on ne le traitât aussi bien qu'il l'avait été dans le château de M. le Baron, avant qu'il en eût été chassé pour les beaux yeux de Mlle Cunégonde.

Il demanda l'aumône à plusieurs graves personnages, qui lui répondirent tous que, s'il continuait à faire ce métier, on l'enfermerait dans une maison de correction pour lui apprendre à vivre.

Il s'adressa ensuite à un homme qui venait de parler tout seul une heure de suite sur la charité dans une grande assemblée. Cet orateur le regardant de travers lui dit: "Que venez-vous faire ici? Y êtes-vous pour la bonne cause?" — "Il n'y a point d'effet sans cause, répondit modestement Candide; tout est enchaîné nécessairement, et arrangé pour le mieux. Il a fallu que je fusse chassé d'auprès de Mlle Cunégonde, que j'aie passé par les baguettes, et il faut que je demande mon pain, jusqu'à ce que je puisse en gagner; tout cela ne pouvait être autrement."

"Mon ami, lui dit l'orateur, croyez-vous que le pape soit l'antéchrist?"
"Je ne l'avais pas encore entendu dire, répondit Candide; mais qu'il le soit ou qu'il ne le soit pas, je manque de pain."
"Tu ne mérites pas d'en manger, dit l'autre: va, coquin, va, misérable, ne m'approche de ta vie."

La femme de l'orateur ayant mis la tête à la fenêtre, et avisant un homme qui doutait que le pape fût l'antéchrist, lui répandit sur le chef un plein ... O ciel! à quel excès se porte le zèle de la religion dans les dames!

Un homme qui n'avait point été baptisé, un bon anabaptiste, nommé Jacques, vit la manière cruelle et ignominieuse dont on traitait ainsi un de ses frères, un être à deux pieds, sans plumes, qui avait une âme; il l'amena chez lui, le nettoya, lui donna du pain et de la bière, lui fit présent de deux florins, et voulut même lui apprendre à travailler dans ses manufactures aux étoffes de Perse qu'on fabrique en Hollande. Candide, se prosternant presque devant lui, s'écriait:
"Maître Pangloss l'avait bien dit que tout était au mieux dans ce monde, car je suis infiniment plus touché de votre extrême générosité que de la dureté de ce monsieur à manteau noir, et de madame son épouse."

Questions:

1   De quoi s'occupent les auteurs qui s'appellent "philosophes"?
2   Qu'est-ce qu'ils pensent de la religion?
3   Que savez-vous de l'Encyclopédie?
4   Quel est le caractère de Voltaire?
5   Pourquoi est-il exilé en Angleterre?
6   Quel ouvrage publie-t-il après son retour en France?
7   Parlez de sa vieillesse.
8   De quel système philosophique se moque-t-il dans Candide?
9   Que savez-vous de Candide?
10 Pourquoi est-il heureux d'être en Hollande?
11 Qui est-ce qu'il rencontre?
12 Cet orateur est en réalité ...
13 Quelle question pose-t-il à Candide?
14 Qu'est-ce qui arrive après?
15 Quelle conclusion Candide tire-t-il de cet événement?

12   Jean-Jacques Rousseau

(1712—1778)

La Vie et l'Oeuvre. Jean- Jacques Rousseau est né à Genève d'une famille protestante. Un soir en 1728, ayant trouvé les portes de la ville fermées, il part à l'aventure. Alors sa vie vagabonde commence.

Il passe quelques années chez Mme de Warens, une jeune femme qui a une grande influence sur lui. Elle le convertit au catholicisme (plus tard il reviendra au protestantisme). En 1750 il publie un traité où il soutient que la civilisation a corrompu l'homme. Par cet écrit il se sépare des philosophes et surtout de Voltaire qui croient au progrès des sciences. La rupture est définitive quand il condamne quelques années plus tard les représentations dramatiques. Pendant les années 1758—1762 il reçoit l'hospitalité de quelques amis. C'est la période la plus féconde de sa vie. Il écrit *La Nouvelle Héloïse*, roman par lettres, *Le Contrat Social*, écrit politique et l'*Emile*, traité d'éducation. Ce dernier ouvrage lui vaut beaucoup d'ennuis. Le livre est brûlé en France et en Suisse.

Malgré l'admiration qu'il suscite, il se heurte à des réactions hostiles qui l'obsèdent. Après la parution d'une brochure calomnieuse, il se décide à écrire ses mémoires pour se justifier. Ce sont les *Confessions*, témoignage sincère de sa vie jusqu'en 1765. Elles furent publiées quelques années après sa mort qui survient en 1778.

L'influence de Rousseau sur la littérature est très grande. Par sa réaction contre l'intellectualisme des 17e et 18e siècles, sa sensibilité et son amour de la nature, il annonce la littérature romantique.

La vie champêtre

Le travail de la campagne est agréable à considérer, et n'a rien d'assez pénible en lui-même pour émouvoir à compassion. L'objet de l'utilité publique et privée le rend intéressant: et puis, c'est la première vocation de l'homme; il rappelle à l'esprit une idée agréable, et au coeur tous les charmes de l'âge d'or.

L'imagination ne reste point froide à l'aspect du labourage et des moissons. La simplicité de la vie pastorale et champêtre a toujours quelque chose qui touche. Qu'on regarde les prés couverts de gens qui fanent et chantent et des troupeaux épars dans l'éloignement; insensiblement on se sent attendrir sans savoir pourquoi. Ainsi quelquefois encore la voix de la nature amollit nos coeurs farouches; et, quoiqu'on l'entende avec un regret inutile, elle est si douce qu'on ne l'entend jamais sans plaisir.

La Nouvelle Héloïse V, 7

En 1728 Rousseau entre comme laquais chez Mme de Vercellis. C'est chez elle que se passe l'événement qui, dit-il, "a beaucoup contribué à la résolution que j'ai prise d'écrire mes confessions."

Le ruban

Que n'ai-je achevé tout ce que j'avais à dire de mon séjour chez Mme de Vercellis! Mais, bien que mon apparente situation demeurât la même, je ne sortis pas de sa maison comme j'y étais entré.

J'en emportai les longs souvenirs du crime et l'insupportable poids des remords dont au bout de quarante ans ma conscience est encore chargée, et dont l'amer sentiment, loin de s'affaiblir, s'irrite à mesure que je vieillis. Qui croirait que la faute d'un enfant pût avoir des suites aussi cruelles? C'est de ces suites plus que probables que mon coeur ne saurait se consoler. J'ai peut-être fait périr dans l'opprobre et dans la misère une fille aimable, honnête, estimable, et qui sûrement valait beaucoup mieux que moi.

Il est bien difficile que la dissolution d'un ménage n'entraîne un peu de confusion dans la maison, et qu'il ne s'égare bien des choses: cependant, telle était la fidélité des domestiques que rien ne se trouva de manque sur l'inventaire. La seule Mlle Pontal perdit un petit ruban couleur de rose et argent, déjà vieux. Beaucoup d'autres meilleures choses étaient à ma portée; ce ruban seul me tenta, je le volai, et comme je ne le cachais guère, on me le trouva bientôt.

On voulut savoir où je l'avais pris. Je me trouble, je balbutie, et enfin je dis, en rougissant, que c'est Marion qui me l'a donné. Marion était une jeune Mauriennoise dont Mme de Vercellis avait fait sa cuisinière. Non seulement Marion était jolie, mais elle avait une fraîcheur de coloris qu'on ne trouve que dans les montagnes, et surtout un air de modestie et de douceur qui faisait qu'on ne pouvait la voir sans l'aimer; d'ailleurs bonne fille, sage et d'une fidélité à toute épreuve. C'est ce qui surprit quand je la nommai. L'on n'avait guère moins de confiance en moi qu'en elle, et l'on jugea qu'il importait de vérifier lequel était le fripon des deux.

On la fit venir; l'assemblée était nombreuse, le comte de la Roque y était. Elle arrive, on lui montre le ruban, je la charge effrontément, elle reste interdite, se tait, me jette un regard qui aurait désarmé les démons et auquel mon barbare coeur résiste. Elle nie enfin avec assurance, mais sans emportement, m'apostrophe, m'exhorte à rentrer en moi-même, à ne pas déshonorer une fille innocente qui ne m'a jamais fait de mal, et moi, avec une impudence infernale, je confirme ma déclaration, et lui soutiens en face qu'elle m'a donné le ruban. La pauvre fille se mit à pleurer, et ne me dit que ces mots: "Ah! Rousseau, je vous croyais un bon caractère. Vous me rendez bien malheureuse; mais je ne voudrais pas être à votre place."

Voilà tout. Elle continua de se défendre avec autant de simplicité que de fermeté, mais sans se permettre jamais contre moi la moindre invective. Cette modération, comparée à mon ton décidé, lui fit tort. Il ne semblait pas naturel de supposer d'un côté une audace aussi diabolique, et de l'autre une aussi angélique douceur. On ne parut pas se décider absolument, mais les préjugés étaient pour moi. Dans le tracas où l'on était, on ne se donnait pas le temps d'approfondir la chose; et le comte de la Roque, en nous renvoyant tous deux, se contenta de dire que la conscience du coupable vengerait assez l'innocent. Sa prédiction n'a pas été vaine; elle ne cesse pas un seul jour de s'accomplir.

Confessions II

Questions:

1 Rousseau que pense-t-il de la civilisation?
2 Citez quelques-uns de ses ouvrages.
3 Pourquoi écrit-il les *Confessions?*
4 Quelle est l'influence littéraire de Rousseau?
5 Quel événement a contribué à la résolution d'écrire les *Confessions?*
6 Qui est Marion?
7 Quelle est sa réaction quand Rousseau l'accuse?
8 Est-ce qu'on ne soupçonne pas Rousseau?

13 Beaumarchais

(1732—1799)

Vie. Né en 1732 et fils d'un horloger cultivé, Beaumarchais apprend d'abord le métier de son père. De bonne heure introduit à la Cour, il enseigne aux filles du roi à jouer de la harpe. Il s'anoblit en achetant une charge de secrétaire du roi et collabore avec un grand financier. Quand celui-ci meurt, Beaumarchais réclame l'argent que le financier lui doit. Il perd un procès avec l'héritier, mais il sait gagner l'opinion publique.

Peu après il entre au service du gouvernement comme agent secret. A cette époque il écrit ses comédies célèbres: *Le Barbier de Séville* (1775) et *Le Mariage de Figaro* que la censure interdit pendant six ans et qui n'est joué qu'en 1784.

Pendant la Révolution il est suspect et doit se réfugier quelque temps à l'étranger. Il meurt à Paris en 1799.

Figaro. Beaumarchais est surtout connu par deux comédies. *Le Barbier de Séville* et *Le Mariage de Figaro*.

Dans la première pièce, Figaro aide le Comte d'Almaviva à conquérir une jeune fille; dans la deuxième pièce le Comte courtise la future femme de Figaro.

Figaro est un coquin intelligent et plein de verve. Il est ambitieux mais il est contrarié par l'infériorité de son origine. Il en garde une rancune contre les nobles *"qui se sont donné la peine de naître"* pour réussir dans la vie.

Par ses attaques contre la noblesse et la censure, Figaro devient le porte-parole de la petite bourgeoisie et annonce la Révolution.

Ce fragment se situe au début de la pièce. Figaro est en train d'écrire une chanson, le Comte, déguisé en abbé, attend sous les fenêtres d'une jeune fille.

Le comte rencontre Figaro

Figaro	J'ai vu cet abbé-là quelque part.
Le comte	Cet homme ne m'est pas inconnu.

Figaro	Eh non, ce n'est pas un abbé! Cet air altier et noble...
Le comte	Cette tournure grotesque...
Figaro	Je ne me trompe point: c'est le comte Almaviva.
Le comte	Je crois que c'est ce coquin de Figaro.
Figaro	C'est lui-méme, monseigneur.
Le comte	Maraud! Si tu dis un mot...
Figaro	Qui, je vous reconnais; voilà les bontés familières dont vous m'avez toujours honoré.
Le comte	Je ne te reconnaissais pas, moi. Te voilà si gros et si gras...
Figaro	Que voulez-vous, monseigneur, c'est la misère.
Le comte	Pauvre petit! Mais que fais-tu à Séville? Je t'avais autrefois recommandé dans les bureaux pour un emploi.
Figaro	Je l'ai obtenu, monseigneur; et ma reconnaissance...
Le comte	Appelle-moi Lindor. Ne vois-tu pas, à mon déguisement, que je veux être inconnu?
Figaro	Je me retire.
Le comte	Au contraire. J'attends ici quelque chose, et deux hommes qui jasent sont moins suspects qu'un seul qui se promène. Ayons l'air de jaser. Eh bien, cet emploi?
Figaro	Le ministre, ayant égard à la recommandation de Votre Excellence, me fit nommer sur-le-champ garçon apothicaire.
Le comte	Dans les hôpitaux de l'armée?
Figaro	Non, dans les haras d'Andalousie.
Le comte	(*riant*) Beau début!
Figaro	Le poste n'était pas mauvais, parce qu'ayant le district des pansements et des drogues, je vendais souvent aux hommes de bonnes médecines de cheval...
Le comte	Qui tuaient les sujets du roi!
Figaro	Ah, ah, il n'y a point de remède universel — mais qui n'ont pas laissé de guérir quelqufois des Galiciens, des Catalans, des Auvergnats.
Le comte	Pourquoi donc l'as-tu quitté?
Figaro	Quitté? C'est bien lui-même; on m'a desservi auprès des puissances: *L'envie aux doigts crochus, au teint pâle et livide...*
Le comte	Oh grâce! grâce, ami! Est-ce que tu fais aussi des vers? Je t'ai vu là griffonnant sur ton genou, et chantant dès le matin.
Figaro	Voilà précisément la cause de mon malheur,

Excellence. Quand on a rapporté au ministre que je faisais, je puis dire assez joliment, des bouquets à Chloris; que j'envoyais des énigmes aux journaux, qu'il courait des madrigaux de ma façon; en un mot, quand il a su que j'étais imprimé tout vif, il a pris la chose au tragique et m'a fait ôter mon emploi, sous prétexte que l'amour des lettres est incompatible avec l'esprit des affaires.

Le comte   Puissamment raisonné! Et tu ne lui fis pas représenter . . .

Figaro   Je me crus trop heureux d'en être oublié, persuadé qu'un grand nous fait assez de bien quand il ne nous fait pas de mal.

Le comte   Tu ne dis pas tout. Je me souviens qu'à mon service tu étais un assez mauvais sujet.

Figaro   Eh! mon Dieu, monseigneur, c'est qu'on veut que le pauvre soit sans défaut.

Le comte   Paresseux, dérangé . . .

Figaro   Aux vertus qu'on exige dans un domestique, Votre Excellence connaît-elle beaucoup de maîtres qui fussent dignes d'être valets?

Le Barbier de Séville I, 2.

Questions:

1   Parlez de la vie de Beaumarchais.
2   Quelles sont ses deux grandes comédies?
3   Parlez du personnage principal de ces pièces.
4   Quelle en est l'importance historique?
5   Quelles sont les "bontés familières" dont parle Figaro?
6   Comment a-t-il gagné la vie avant d'arriver à Séville?
7   Pourquoi a-t-il été chassé de sa fonction?
8   Par quel sarcasme attaque-t-il les nobles?
9   Expliquez la dernière réplique de Figaro.

14   Le Romantisme

On appelle les écrivains de la première moitié du XIXe siècle les romantiques. Ce sont *François-René de Chateaubriand, Alphonse de Lamartine, Alfred de Vigny, Victor Hugo, Alfred de Musset* et *Gérard de Nerval.* Pourtant, ces auteurs n'ont pas tous éprouvé dans la même mesure les sentiments "romantiques". Un véritable esprit romantique est celui qui ne peut pas accepter la médiocrité de la vie quotidienne. Il fuit la réalité de tous les jours dans le rêve et aspire même à disparaître de ce monde. Comme il se sent étranger dans un monde où *"l'action n'est pas la soeur du rêve"*, il éprouve une vague tristesse. Cette mélancolie qui tourmente tant de jeunes gens de l'époque et qu'on a appelé le mal du siècle se rencontre aussi à l'étranger. (cp. Goethe, *Die Leiden des jungen Werthers*). On la retrouve sous une forme plus exaspérée chez Baudelaire, *Les Fleurs du Mal*, 1857.

Le vicomte **François-René de Chateaubriand,** qui jouera un rôle politique sous la Restauration, évoque dans un récit semi-autobiographique, *René,* 1802, la jeunesse mélancolique qu'il a passée au château de Combourg en Bretagne. René est le type même de l'esprit romantique. A l'origine, le récit fait partie du *Génie du Christianisme,* ouvrage qui défend la religion contre les rationalistes en faisant appel non à la raison mais au sentiment esthétique du lecteur. Le grand succès de l'ouvrage s'explique par le réveil du sentiment religieux qui se manifeste au début du XIXe siècle.
Dans le fragment suivant on trouve trois thèmes romantiques: l'homme dans la nature; l'automne, saison de la mélancolie; le besoin d'évasion.

La mélancolie de René

Comment exprimer cette foule de sensations fugitives que j'éprouvais dans mes promenades? Les sons que rendent les passions dans le vide d'un coeur solitaire ressemblent au murmure que les vents et les eaux font entendre dans le silence d'un désert: on en jouit, mais on ne peut les peindre.

L'automme me surprit au milieu de ces incertitudes: j'entrai avec ravissement dans le mois des tempêtes. Tantôt j'aurais voulu être un de ces guerriers errant au milieu des vents, des nuages et des fantômes; tantôt j'enviais jusqu'au sort du pâtre que je voyais réchauffer ses mains à l'humble feu de broussailles qu'il avait allumé au coin d'un bois. J'écoutais ses chants mélancoliques, qui me rappelaient que dans tout pays le chant naturel de l'homme est triste, lors même qu'il exprime le bonheur. Notre coeur est un instrument incomplet, une lyre où il manque des cordes, et où nous sommes forcés de rendre les accents de la joie sur le ton consacré aux soupirs.

Le jour, je m'égarais sur de grandes bruyères terminées par des forêts. Qu'il fallait peu de choses à ma rêverie! une feuille séchée que le vent chassait devant moi, une cabane dont la fumée s'élevait dans la cime dé-pouillée des arbres, la mousse qui tremblait au souffle du Nord sur le tronc d'un chêne, une roche écartée, un étang désert où le jonc flétri murmurait! Le clocher solitaire s'élevant au loin dans la vallée a sou-vent attiré mes regards: souvent j'ai suivi des yeux les oiseaux de pas-sage qui volaient au-dessus de ma tête. Je me figurais les bords ignorés, les climats lointains où ils se rendent; j'aurais voulu être sur leurs ailes. Un secret instinct me tourmentait: je sentais que je n'étais moi-même qu'un voyageur, mais une voix du ciel semblait me dire: "Homme, la saison de ta migration n'est pas encore venue; attends que le vent de la mort se lève, alors tu déploieras ton vol vers ces régions inconnues que ton coeur demande."

— Levez-vous vite, orages désirés qui devez emporter René dans les espaces d'une autre vie! —

Ainsi disant, je marchais à grands pas, le visage enflammé, le vent sif-flant dans ma chevelure, ne sentant ni pluie, ni frimas, enchanté, tour-menté, et comme possédé par le démon de mon coeur.

Questions:

1 Qui sont les auteurs romantiques?
2 Qu'est-ce que le mal du siècle?
3 Nommez un personnage qui en souffre.
4 Parlez du *Génie du Christianisme*.
5 Quels thèmes trouve-t-on dans le fragment?
6 Décrivez le paysage.
7 Comment René exprime-t-il son besoin d'évasion?

15   Le théâtre romantique

Aux environs de 1820 plusieurs camps s'opposent dans la littérature. D'un côté il y a les Romantiques et de l'autre les partisans du classicisme. Bientôt les Romantiques ont à lutter. Cette lutte se livre surtout dans le domaine du théâtre.
Le manifeste du Romantisme est la *Préface* que Hugo donne à son drame *Cromwell*, 1827. Il y soutient qu'il est faux de distinguer entre une comédie et une tragédie. Mieux vaut écrire des drames qui contiennent à la fois des éléments tragiques et comiques. En même temps il rejette les unités de temps et de lieu et attribue une plus grande place à l'action et au spectacle. *Cromwell* n'a pas de succès, mais la faveur du public ne viendra que quelques années plus tard avec le drame *Hernani*.

Victor Hugo *(1802—1885)*

Hugo est né en 1802. Tout jeune il accompagne dans ses voyages son père qui est général de Napoléon. Sa vocation littéraire s'éveille de bonne heure: à quinze ans déjà il prend part à un concours de poésie. Après la publication de la *Préface de Cromwell*, il devient le chef des Romantiques. C'est le début d'une période extrêmement féconde: romans, pièces de théâtre et recueils se succèdent. Mais l'année 1843 est malheureuse. C'est l'année de l'échec de son drame *Les Burgraves* et de la mort de sa fille Léopoldine. Alors Hugo cesse de publier pendant dix ans et il se lance dans la politique. Après la Révolution de 1848 il soutient le futur Napoléon III, puis passe à l'opposition. Il est exilé et s'installe à Guernesey où il continue à écrire et à combattre Napoléon "le Petit".
Après la chute de l'Empire il revient en France, acclamé par la foule. A sa mort en 1885 son cercueil est exposé sous l'Arc de Triomphe.
Enfin, nous ne citons qu'une petite partie de son oeuvre:

Poésie:	*Les Feuilles d'Automne*, 1831; *Les Châtiments*, 1853; *Les Contemplations*, 1856.
Théâtre:	*Hernani*, 1830; *Ruy Blas*, 1838.
Romans:	*Notre Dame de Paris*, 1831; *Les Misérables*, 1862.

Hernani, 1830. Hernani, qui est le chef d'une conspiration contre le roi Don Carlos, est, comme le roi, amoureux de Doña Sol. Celle-ci doit se marier avec son oncle, le duc Don Ruy de Gomez. Le jour du mariage, un pèlerin se présente. C'est Hernani qui, désespéré par ce mariage, veut qu'on le dénonce au roi. Mais Don Ruy le cache. Les deux rivaux concluent un pacte: Hernani tuera le roi, puis il mettra sa vie à la disposition du duc.

Le roi, devenu empereur, découvre la conspiration. Mais il pardonne et unit Hernani et Doña Sol.

Après le mariage, on entend le son d'un cor. C'est Don Ruy qui rappelle à Hernani son serment. Les jeunes époux s'empoisonnent, le duc se tue sur leurs cadavres.

Le roi sort de l'armoire

Doña Sol   Nous partirons demain.
Hernani, n'allez pas sur mon audace étrange
Me blâmer. Etes-vous mon démon ou mon ange?
Je ne sais, mais je suis votre esclave. Ecoutez.
Allez où vous voudrez, j'irai. Restez, partez,
Je suis à vous. Pourquoi fais-je ainsi? Je l'ignore.
J'ai besoin de vous voir et de vous voir encore
Et de vous voir toujours. Quand le bruit de vos pas
S'efface, alors je crois que mon coeur ne bat pas,
Vous me manquez, je suis absente de moi-même;
Mais, dès qu'enfin ce pas que j'attends et que j'aime
Vient frapper mon oreille, alors il me souvient
Que je vis, et je sens mon âme qui revient!

Hernani   *(la serrant dans ses bras)*
Ange!

Doña Sol   A minuit. Demain. Amenez votre escorte
Sous ma fenêtre. Allez, je serai brave et forte.
Vous frapperez trois coups.

Hernani   Savez-vous qui je suis
Maintenant?

Doña Sol   Monseigneur, qu'importe? je vous suis.

Hernani   Non, puisque vous voulez me suivre, faible femme,
Il faut que vous sachiez quel nom, quel rang, quelle
                                          âme,
Quel destin est caché dans le pâtre Hernani.
Vous vouliez d'un brigand, voulez-vous d'un banni?

Don Carlos   *(ouvrant avec fracas la porte de l'armoire)*
Quand aurez-vous fini de conter votre histoire?
Croyez-vous donc qu'on soit à l'aise en cette armoire?
(Hernani recule, étonné. Doña Sol pousse un cri et

60

	se réfugie dans ses bras, en fixant sur don Carlos des
	yeux effarés.)
Hernani	*(la main sur la garde de son épée)*
	Quel est cet homme?
Doña Sol	O ciel! Au secours!
Hernani	Taisez-vous,
	Doña Sol! vous donnez l'éveil aux yeux jaloux.
	Quand je suis près de vous, veuillez, quoi qu'il ad-
	vienne,
	Ne réclamer jamais d'autre aide que la mienne.
	(à don Carlos) Que faisiez-vous là?
Don Carlos	Moi? Mais, à ce qu'il paraît,
	Je ne chevauchais pas à travers la forêt.
Hernani	Qui raille après l'affront s'expose à faire rire
	Aussi son héritier.
Don Carlos	Chacun son tour! — Messire,
	Parlons franc. Vous aimez madame et ses yeux noirs,
	Vous y venez mirer les vôtres tous les soirs,
	C'est fort bien. J'aime aussi madame, et veux con-
	naître
	Qui j'ai vu tant de fois entrer par la fenêtre,
	Tandis que je restais à la porte.
Hernani	En honneur,
	Je vous ferai sortir par où j'entre, seigneur.
Don Carlos	Nous verrons. J'offre donc mon amour à madame.
	Partageons. Voulez-vous? J'ai vu dans sa belle âme
	Tant d'amour, de bonté, de tendres sentiments,
	Que madame, à coup sûr, en a pour deux amants.
	Or, ce soir, voulant mettre à fin mon entreprise,
	Pris, je pense, pour vous, j'entre par surprise,
	Je me cache, j'écoute, à ne vous céler rien;
	Mais j'entendais très mal et j'étouffais très bien.
	Et puis, je chiffonnais ma veste à la française.
	Ma foi, je sors!
Hernani	Ma dague aussi n'est pas à l'aise
	Et veut sortir.
Don Carlos	*(le saluant)* Monsieur, c'est comme il vous plaira.
Hernani	*(tirant son épée)*
	En garde!
Doña Sol	*(se jetant entre eux)*
	Hernani! Ciel!
Don Carlos	Calmez-vous, señora.
Hernani	*(à don Carlos)*
	Dites moi votre nom.

Don Carlos	Hé! dites-moi le vôtre!
Hernani	Je le garde, secret et fatal, pour un autre

Don Carlos   Hé! dites-moi le vôtre!

Hernani   Je le garde, secret et fatal, pour un autre
Qui doit un jour sentir sous mon genou vainqueur,
Mon nom à son oreille, et ma dague à son coeur!

Don Carlos   Alors, quel est le nom de l'autre?

Hernani   Que t'importe?
En garde! défends-toi!
(*Ils croisent leurs épées. Doña Sol tombe tremblante
sur un fauteuil. On entend des coups à la porte.*)

Doña Sol   (*se levant avec effroi*)
       Ciel! on frappe à la porte!
(*Les champions s'arrêtent. Entre Josefa par la petite
porte et tout effarée.*)

Hernani   (*à Josefa*)
Qui frappe ainsi?

Josefa   (*à doña Sol*)
       Madame! un coup inattendu!
C'est le duc qui revient!

Doña Sol   (*joignant les mains*)   Le duc! tout est perdu!

                            I, 2

Alfred de Musset (1810 — 1857)

Après une jeunesse brillante, il rencontre George Sand, femme-auteur avec qui il noue une liaison. La rupture définitive le rend très malheureux.

Il parle de sa souffrance dans quatre longs poèmes: .Les Nuits (1835-'37) où le Poète s'entretient avec sa Muse.

Mais nous lui devons aussi des pièces de théâtre: *Lorenzaccio* (1835), drame historique et une série de charmantes comédies dont l'unique sujet est l'amour (*Les Caprices de Marianne*). Bien qu'il les ait écrites avant tout pour être lues, on les a représentées bien des années après leur publication.

A trente ans, l'auteur est déjà un homme las, mais parfois il retrouve encore l'inspiration. Il meurt à l'âge de 47 ans.

Questions:

1   Quel est le manifeste du Romantisme?
2   Quelle théorie Hugo y expose-t-il?
3   Quel rôle a-t-il joué dans la politique?
4   Citez quelques-uns de ses ouvrages.
5   Qui sont les personnages principaux de *Hernani*?
6   Citez quelques vers qui montrent que Doña Sol aime beaucoup Hernani.
7   Quel est l'élément comique de ce fragment?
8   Qui est cet autre qui apprendra le vrai nom de Hernani?
9   Montrez qu'il y a ici plus d'action sur la scène que dans la tragédie classique.
10   Parlez de Musset.

16   La poésie romantique

Tandis que les auteurs classiques ne parlent guère d'eux-mêmes (Pascal: le Moi est haïssable), les auteurs romantiques aiment à exprimer leurs *sentiments personnels*. Pour eux le coeur est la source de toute inspiration et leur coeur est tellement rempli d'émotions qu'on a parlé d' "hypertrophie du coeur"...'.

Alfred de Musset, La nuit de mai (1835) (fragment).

Les plus désespérés sont les chants les plus beaux,
Et j'en sais d'immortels qui sont de purs sanglots.

Lorsque le pélican, lassé d'un long voyage,
Dans les brouillards du soir retourne à ses roseaux,
Ses petits affamés courent sur le rivage
En le voyant au loin s'abattre sur les eaux.
Déjà, croyant saisir et partager leur proie,
Ils courent à leur père avec des cris de joie
En secouant leurs becs sur leurs goitres hideux.
Lui, gagnant à pas lents une roche élevée,
De son aile pendante abritant sa couvée,
Pêcheur mélancolique, il regarde les cieux.
Le sang coule à longs flots de sa poitrine ouverte;
En vain il a des mers fouillé la profondeur:
L'Océan était vide et la plage déserte;
Pour toute nourriture, il apporte son coeur.
Sombre et silencieux, étendu sur la pierre,
Partageant à ses fils ses entrailles de père,
Dans son amour sublime il berce sa douleur,
Et, regardant couler sa sanglante mamelle,
Sur son festin de mort il s'affaisse et chancelle,
Ivre de volupté, de tendresse et d'horreur.

Mais parfois, au milieu du divin sacrifice,
Fatigué de mourir dans un trop long supplice,
Il craint que ses enfants ne le laissent vivant;
Alors il se soulève, ouvre son aile au vent,
Et, se frappant le coeur avec un cri sauvage,
Il pousse dans la nuit un si funèbre adieu,
Que les oiseaux des mers désertent le rivage,
Et que le voyageur attardé sur la plage,
Sentant passer la mort, se recommande à Dieu.

Poète, c'est ainsi que font les grands poètes.
Ils laissent s'égayer ceux qui vivent un temps;
Mais les festins humains qu'ils servent à leurs fêtes
Ressemblent la plupart à ceux des pélicans,
Quand ils parlent ainsi d'espérances trompées,
De tristesse et d'oubli, d'amour et de malheur,
Ce n'est pas un concert à dilater le coeur.
Leurs déclamations sont comme des épées:
Elles tracent dans l'air un cercle éblouissant,
Mais il y pend toujours quelque goutte de sang.

Un des thèmes romantiques les plus fréquents est celui de la *lassitude de la vie*. Dans la poésie qui va suivre, le poète encore jeune — Lamartine a 29 ans — se détache déjà de la vie. On y rencontre aussi le thème de la *nature*. Elle a ici pour fonction de consoler le coeur blessé du poète qui vient y chercher la solitude:

Lamartine, le Vallon

Mon coeur, lassé de tout, même de l'espérance,
N'ira plus de ses voeux importuner le sort:
Prêtez-moi seulement, vallon de mon enfance,
Un asile d'un jour pour attendre la mort.

Voici l'étroit sentier de l'obscure vallée:
Du flanc de ces coteaux pendent des bois épais,
Qui, courbant sur mon front leur ombre entremêlée,
Me couvrent tout entier de silence et de paix.

Là, deux ruisseaux cachés sous des ponts de verdure
Tracent en serpentant les contours du vallon;
Ils mêlent un moment leur onde et leur murmure,
Et non loin de leur source ils se perdent sans nom.

Voltaire et l'affaire Calas
Gravure anonyme du XVIIIe siècle (page 48)

JEAN-JACQUES ROUSSEAU

(page 51)

Stendhal (page 72)

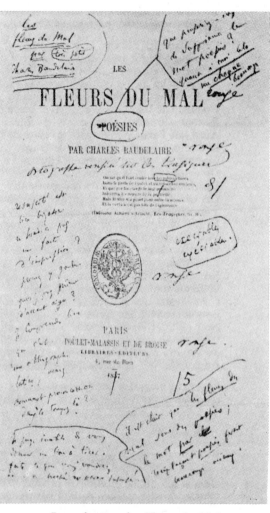

Page de titre des Fleurs du Mal
Epreuve corrigée par Charles Baudelaire.

La source de mes jours comme eux s'est écoulée;
Elle a passé sans bruit, sans nom et sans retour:
Mais leur onde est limpide, et mon âme troublée
N'aura pas réfléchi les clartés d'un beau jour.

La fraîcheur de leurs lits, l'ombre qui les couronne,
M'enchaînent tout le jour sur les bords des ruisseaux;
Comme un enfant bercé par un chant monotone,
Mon âme s'assoupit au murmure des eaux.

Ah! c'est là qu'entouré d'un rempart de verdure,
D'un horizon borné qui suffit à mes yeux,
J'aime à fixer mes pas, et, seul dans la nature,
A n'entendre que l'onde, à ne voir que les cieux.

Le Romantisme montre aussi un renouvellement du *sentiment religieux*.
Dans cette poésie, Hugo sent la présence de Dieu dans la nature:

Hugo, Un jour que mon esprit . . .

Un jour que mon esprit de brume était couvert,
Je gravis lentement la falaise au dos vert,
Et puis je regardai quand je fus sur la cime.

Devant moi l'air et l'onde ouvraient leur double abîme.
Quelque chose de grand semblait tomber des cieux.
Le bruit de l'océan, sinistre et furieux,
Couvrait de l'humble port les rumeurs pacifiques.
Le soleil, d'où pendaient des rayons magnifiques,
A travers un réseau de nuages flottants,
S'épandait sur la mer qui brillait par instants.
Le vent chassait les flots où des formes sans nombre
Couraient. Des vagues d'eau berçaient des vagues d'ombre.

L'ensemble était immense et l'on y sentait Dieu.

Enfin, la *mort* a toujours inspiré les poètes. Dans la première poésie Hugo
pleure sa fille Léopoldine qui s'est noyée dans la Seine, dans la deuxième
Gérard de Nerval, qui du reste s'est suicidé, salue la mort comme une
amie et se demande quel a été le sens de sa vie.

Victor Hugo, Demain dès l'aube . . .

Demain, dès l'aube, à l'heure où blanchit la campagne,
Je partirai. Vois-tu, je sais que tu m'attends.
J'irai par la forêt, j'irai par la montagne.
Je ne puis demeurer loin de toi plus longtemps.

Je marcherai les yeux fixés sur mes pensées,
Sans rien voir au dehors, sans entendre aucun bruit,
Seul, inconnu, le dos courbé, les mains croisées,
Triste, et le jour pour moi sera comme la nuit.

Je ne regarderai ni l'or du soir qui tombe,
Ni les voiles au loin descendant vers Harfleur,
Et quand j'arriverai, je mettrai sur ta tombe
Un bouquet de houx vert et de bruyère en fleur.

Gérard de Nerval, Epitaphe

Il a vécu, tantôt gai comme un sansonnet,
Tour à tour amoureux, insoucieux et tendre,
Tantôt sombre et rêveur, comme un triste Clitandre.
Un jour, il entendit qu'à sa porte on sonnait;

C'était la Mort. Alors, il la pria d'attendre
Qu'il eût posé le point à son dernier sonnet,
Et puis, sans s'émouvoir, il s'en alla s'étendre
Au fond du coffre froid où son corps frissonnait.

Il était paresseux, à ce que dit l'histoire,
Et laissait trop sécher l'encre dans l'écritoire;
Il voulut tout savoir, mais il n'a rien connu . . .

Et, quand vint le moment où, las de cette vie,
Un soir d'hiver, enfin, l'âme lui fut ravie,
Il s'en alla, disant: "Pourquoi suis-je venu?"

Questions:

1 Quelle est la source de la poésie selon les Romantiques?
2 Quels thèmes De Musset nomme-t-il à la fin du fragment de la *Nuit de Mai?*
3 Quels thèmes retrouve-t-on dans le *Vallon?*
4 Qu'est-ce que le poète cherche dans le vallon?
5 Dans la 3e et 4e strophe il compare sa vie aux ruisseaux. Expliquez.
6 Mais quelle différence y a-t-il?
7 Quel événement a inspiré plusieurs poésies de Victor Hugo?
8 Est-ce que le poète de l'Epitaphe regrette de mourir?

17   Le roman romantique

Le roman devient le genre littéraire le plus important au XIXe siècle, grâce à l'accroissement du public et au développement de son goût pour la lecture.

Les Classiques n'avaient pas reconnu le genre qui n'existait pas dans l'Antiquité. Comme le Roman n'a pas à se libérer des règles classiques, les tendances romantiques peuvent s'y manifester librement. *La Nouvelle Héloïse* et *René* expriment les sentiments romantiques avant le Romantisme proprement dit.

Le Roman romantique, c'est surtout

1   le roman d'analyse personnelle:
>   *Musset, Les Confessions d'un enfant du siècle, 1836*

2   le roman historique, dont le succès est dû au besoin romantique d'évasion:
>   *Hugo, Notre Dame de Paris, 1831*
>   *Dumas, Les Trois Mousquetaires, 1844*
>   *Hugo, Les Misérables, 1862* (qui est plutôt un roman social).

Le fragment suivant, pris dans *Notre Dame de Paris*, évoque un coin pittoresque du Paris du moyen-âge. C'est la Cour des Miracles qui servait de retraite aux mendiants et aux vagabonds. Le nom vient des guérisons miraculeuses: les aveugles y recouvrent la vue, les boiteux y marchent sans peine. Le poète Gringoire, qui s'est égaré dans cette Cour, est conduit devant le "Roi", Clopin Trouillefou.

Le poète Gringoire dans la Cour des Miracles

Enfin monseigneur Clopin se calma.
— Maraud! dit-il à notre poète, tu veux donc être truand?

— Sans doute, répondit le poète.

— Ce n'est pas le tout de vouloir, dit le bourru Clopin; la bonne volonté ne met pas un oignon de plus dans la soupe, et n'est bonne que pour aller en paradis; or, paradis et argot sont deux. Pour être reçu dans l'argot, il faut que tu prouves que tu es bon à quelque chose, et pour cela que tu fouilles le mannequin.

— Je fouillerai, dit Gringoire, tout ce qu'il vous plaira.

Clopin fit un signe. Quelques argotiers se détachèrent du cercle et revinrent un moment après. Ils apportaient deux poteaux terminés à leur extrémité inférieure par deux spatules en charpente, qui leur faisaient prendre aisément pied sur le sol; à l'extrémité supérieure des deux poteaux ils adaptèrent une solive transversale, et le tout constitua une fort jolie potence portative que Gringoire eut la satisfaction de voir se dresser devant lui en un clin d'oeil. Rien n'y manquait, pas même la corde qui se balançait gracieusement au-dessous de la traverse.

— Où veulent-ils en venir? se demanda Gringoire avec quelque inquiétude.

Un bruit de sonnettes qu'il entendit au même moment mit fin à son anxiété; c'était un mannequin que les truands suspendaient par le cou à la corde, espèce d'épouvantail aux oiseaux, vêtu de rouge, et tellement chargé de grelots et de clochettes, qu'on eût pu en harnacher trente mules castillanes. Ces mille sonnettes frissonnèrent quelque temps aux oscillations de la corde, puis s'éteignirent peu à peu, et se turent enfin, quand le mannequin eut été ramené à l'immobilité par cette loi du pendule qui a détrôné le clepsydre et le sablier.

Alors Clopin, indiquant à Gringoire un vieil escabeau chancelant, placé au-dessous du mannequin: Monte là-dessus!

— Mort diable! objecta Gringoire, je vais me rompre le cou. Votre escabelle boite comme un distique de Martial: elle a un pied hexamètre et un pied pentamètre.

— Monte! reprit Clopin.

Gringoire monta sur l'escabeau, et parvint, non sans quelques oscillations de la tête et des bras, à y retrouver son centre de gravité.

— Maintenant, poursuivit le roi de Thunes, tourne ton pied droit autour de ta jambe gauche et dresse-toi sur la pointe du pied gauche.

— Monseigneur, dit Gringoire, vous tenez donc absolument que je me casse quelque membre?

Clopin hocha la tête.

— Ecoute, l'ami, tu parles trop. Voilà en deux mots de quoi il s'agit: tu vas te dresser sur la pointe du pied, comme je te le dis, de cette façon tu pourras atteindre jusqu'à la poche du mannequin; tu y fouilleras; tu en tireras une bourse qui s'y trouve; et, si tu fais tout cela sans qu'on entende le bruit d'une sonnette, c'est bien: tu seras truand. Nous n'aurons plus qu'à te rouer de coups pendant huit jours.

— Ventre-Dieu! je n'aurai garde, dit Gringoire. Et si je fais chanter les sonnettes?

— Alors tu seras pendu. Comprends-tu?

— Je ne comprends pas du tout, répondit Gringoire.

— Ecoute encore une fois. Tu vas fouiller le mannequin et lui prendre sa bourse; si une seule sonnette bouge dans l'opération, tu seras pendu. Comprends-tu cela?

— Bien, dit Gringoire, je comprends cela. Après?

— Si tu parviens à enlever la bourse sans qu'on entende les grelots, tu es truand, et tu seras roué de coups pendant huit jours consécutifs. Tu comprends sans doute, maintenant?

— Non, monseigneur; je ne comprends plus. Où est mon avantage? pendu dans un cas, battu dans l'autre.

— Et truand, reprit Clopin, et truand, n'est-ce rien? C'est dans ton intérêt que nous te battrons, afin de t'endurcir aux coups.

— Grand merci! répondit le poète.

— Allons, dépêchons, dit le roi en frappant du pied sur son tonneau, qui résonna comme une grosse caisse. Fouille le mannequin, et que cela finisse! Je t'avertis une dernière fois que, si j'entends un seul grelot, tu prendras la place du mannequin.

La bande des argotiers applaudit aux paroles de Clopin, et se rangea circulairement autour de la potence, avec un rire tellement impitoyable, que Gringoire vit qu'il les amusait trop pour n'avoir pas tout à craindre d'eux. Il ne lui restait donc plus d'espoir, si ce n'est la frêle chance de réussir dans la redoutable opération qui lui était imposée; il se décida à la risquer, mais ce ne fut pas sans avoir adressé d'abord une fervente prière au mannequin qu'il allait dévaliser, et qui eût été plus facile à attendrir que les truands. Cette myriade de sonnettes avec leurs petites langues de cuivre lui semblaient autant de gueules d'aspics ouvertes, prêtes à mordre et à siffler.

— Oh! disait-il tout bas, est-il possible que ma vie dépende de la moindre des vibrations du moindre de ces grelots? Oh! ajoutait-il les mains jointes, sonnettes, ne sonnez pas! clochettes, ne clochez pas! grelots, ne grelottez pas!

Il tenta encore un effort sur Trouillefou.

— Et s'il survient un coup de vent? lui demanda-t-il.

— Tu seras pendu, répondit l'autre sans hésiter.

Voyant qu'il n'y avait ni répit, ni sursis, ni faux-fuyant possible, il prit bravement son parti; il tourna son pied droit autour de son pied gauche, se dressa sur son pied gauche, et étendit le bras . . .; mais au moment où il touchait le mannequin, son corps, qui n'avait plus qu'un pied, chancela sur l'escabeau, qui n'en avait que trois, il voulut machinalement s'appuyer au mannequin, perdit l'équilibre, et tomba lourdement sur la terre, tout assourdi par la fatale vibration des mille sonnettes du mannequin, qui cédant à l'impulsion de sa main, décrivit d'abord une rotation sur lui-même, puis se balança majesteusement entre les deux poteaux.

— Malédiction! cria-t-il en tombant; et il resta comme mort, la face contre terre.

Cependant il entendait le redoutable carillon au-dessus de sa tête, et le rire diabolique des truands, et la voix de Trouillefou, qui disait:

— Relevez-moi ce drôle, et pendez-le-moi rudement.

Il se leva. On avait déjà décroché le mannequin pour lui faire place. Les argotiers le firent monter sur l'escabeau. Clopin vint à lui, lui passa la corde au cou, et lui frappant sur l'épaule:

— Adieu l'ami! Tu ne peux plus échapper maintenant, quand même tu digérerais avec les boyaux du pape.

Le mot *grâce* expira sur les lèvres de Gringoire. Il promena ses regards autour de lui; mais aucun espoir: tous riaient.

— Bellevigne-de-l'Etoile, dit le roi de Thunes à un énorme truand qui sortit des rangs, grimpe sur la traverse.

Bellevigne-de-l'Etoile monta lestement sur la solive transversale, et, au bout d'un instant, Gringoire, en levant les yeux, le vit avec terreur accroupi sur la traverse au-dessus de sa tête.

— Maintenant, reprit Clopin Trouillefou, dès que je frapperai des mains, Andry-le-Rouge, tu jetteras l'escabelle à terre d'un coup de genou; et toi, Bellevigne, tu te jetteras sur ses épaules; et tous trois à la fois, entendez-vous?

Gringoire frissonna.

— Y êtes-vous? dit Clopin Trouillefou aux trois argotiers prêts à se précipiter sur Gringoire. Le pauvre patient eut un moment d'attente horrible, pendant que Clopin repoussait tranquillement du bout du pied dans le feu quelques brins de sarment que la flamme n'avait pas gagnés.

— Y êtes-vous? répéta-t-il, et il ouvrit ses mains pour frapper. Une seconde de plus, c'en était fait.

Mais il s'arrêta, comme averti par une idée subite.

— Un instant, dit-il; j'oubliais . . .! Il est d'usage que nous ne pendions pas un homme sans demander s'il y a une femme qui en veut. Camarade! c'est ta dernière ressource. Il faut que tu épouses une truande ou la corde.

Gringoire respira. C'était la seconde fois qu'il revenait à la vie depuis une demi-heure. Aussi n'osait-il trop s'y fier.

— Holà, cria Clopin, remonté sur sa futaille, holà! femmes, y a-t-il parmi vous, une ribaude qui veuille de ce ribaud?

Gringoire, dans ce misérable état, était sans doute peu appétissant. Les truandes se montrèrent médiocrement touchées de la proposition. Le malheureux les entendit répondre.

— Non! non! pendez-le, il y aura du plaisir pour toutes.

— Camarade, dit Clopin, tu as du malheur.

Puis, se levant debout sur son tonneau:

— Personne n'en veut? cria-t-il en contrefaisant l'accent d'un huissier priseur, à la grande gaieté de tous: personne n'en veut? une fois, deux fois, trois fois! Et se tournant vers la potence avec un signe de tête:

— Adjugé!

Bellevigne-de-l'Etoile, Andry-le-Rouge, François Chanteprune, se rapprochèrent de Gringoire.

En ce moment, un cri s'éleva parmi les argotiers:

— *La Esmeralda! La Esmeralda!*

Gringoire tressaillit, et se tourna du côté d'où venait la clameur. La foule s'ouvrit et donna passage à une pure et éblouissante figure. C'était la bohémienne.

— La Esmeralda, dit Gringoire, stupéfait, au milieu de ses émotions, de la brusque manière dont ce mot magique nouait les souvenirs de sa journée.

Cette rare créature paraissait exercer jusque dans la Cour des Miracles son empire de charme et de beauté. Argotiers et argotières se rangeaient doucement à son passage, et leurs brutales figures s'épanouissaient à son regard.

Elle s'approcha du patient avec son pas léger. Gringoire était plus mort que vif. Elle le considéra un moment en silence.

— Vous allez pendre cet homme? dit-elle gravement à Clopin.

— Oui, soeur, répondit le roi de Thunes, à moins que tu ne le prennes pour mari.

Elle fit sa jolie petite moue de la lèvre inférieure.

— Je le prends, dit-elle.

Gringoire ici crut fermement qu'il n'avait fait qu'un rêve depuis le matin, et que ceci en était la suite.

La péripétie, en effet, quoique gracieuse, était violente.

On détacha le noeud coulant, on fit descendre le poète de l'escabeau. Il fut obligé de s'asseoir, tant la commotion était vive.

Le duc d'Egypte, sans prononcer une parole, apporta une cruche d'argile.

La bohémienne la présenta à Gringoire.

— Jetez-la à terre, lui dit-elle.

La cruche se brisa en quatre morceaux.

— Frère, dit alors le duc d'Egypte en leur imposant les mains sur le front, elle est ta femme; soeur, il est ton mari. Pour quatre ans. Allez.

Questions:

1   Pourquoi le roman connaît-il une telle faveur au XIXe siècle?
2   Quels genres peut-on distinguer?
3   Nommez quelques romans.
4   Qu'est-ce que la Cour des Miracles?
5   Résumez le fragment de *Notre Dame de Paris*.

18 Stendhal
(1783—1842)

Vie et Oeuvre. Stendhal, de son vrai nom Henri Beyle, embrasse tout d'abord la carrière militaire et s'engage dans l'armée de Napoléon.

Après la chute de l'Empereur il part pour l'Italie qui sera sa patrie d'élection. Mais au bout de quelques années il doit quitter l'Italie, car ses idées libérales le rendent suspect. Pendant près de dix ans il fréquente des salons parisiens et joue au dandy.

Après la Révolution de 1830 il se fixe de nouveau en Italie, cette fois comme consul de France.

Il meurt en 1842 à Paris.

Stendhal est un être passionné, toujours "à la chasse du bonheur". Avant tout il aime l'énergie. C'est pourquoi il déteste la Restauration et admire Napoléon et l'Italie du XVIe siècle.

Mais ce passionné reste lucide. Dans ses oeuvres qu'il écrit dans un style froid, dépouillé, il se montre un analyste pénétrant.

Ses romans les plus célèbres sont *Le Rouge et Le Noir* (1831) qui décrit la société de la Restauration et *La Chartreuse de Parme* (1839) qui se passe en Italie. Ces romans n'ont pas un grand succès. Stendhal se console en disant qu'il sera compris vers 1880 et qu'il écrit *"for the happy few"*.

Le Rouge et Le Noir, 1831. Julien Sorel, jeune homme ambitieux qui ressemble à l'auteur lui-même, ne voit que deux moyens pour réussir dans la vie: la carrière militaire (Le Rouge) et la carrière ecclésiastique (Le Noir). Il comprend bientôt que sous la Restauration l'on ne peut arriver que par le clergé.

Il entre comme précepteur chez M. de Rênal, maire de Verrières et se fait aimer de Mme de Rênal. Renvoyé, il passe quelque temps au séminaire, puis entre comme secrétaire chez le marquis de la Môle dont il séduit la fille Mathilde.

Le mariage aura lieu et Julien semble toucher à son but, lorsque Mme de

Rênal, toujours amoureuse et jalouse, le dénonce au marquis comme intrigant. Furieux, Julien tire deux coups de pistolet sur elle dans l'église de Verrières. Julien est arrêté et meurt sans faiblir sur l'échafaud.

Le portrait

A force de parler pour parler, et de chercher à maintenir la conversation vivante, il arriva à Mme de Rênal de dire que son mari était venu de Verrières parce qu'il avait fait marché, pour de la paille de maïs, avec un de ses fermiers. (Dans ce pays, c'est avec de la paille de maïs que l'on remplit les paillasses des lits).

— Mon mari ne nous rejoindra pas, ajouta Mme de Rênal; avec le jardinier et son valet de chambre, il va s'occuper d'achever le renouvellement des paillasses de la maison. Ce matin il a mis de la paille de maïs dans tous les lits du premier étage, maintenant il est au second.

Julien changea de couleur; il regarda Mme de Rênal d'un air singulier, et bientôt la prit à part en quelque sorte en doublant le pas. Mme Derville les laissa s'éloigner.

— Sauvez-moi la vie, dit Julien à Mme de Rênal, vous seule le pouvez; car vous savez que le valet de chambre me hait à la mort. Je dois vous avouer, Madame, que j'ai un portrait; je l'ai caché dans la paillasse de mon lit.

A ce mot, Mme de Rênal devint pâle à son tour.

— Vous seule, Madame, pouvez dans ce moment entrer dans ma chambre; fouillez, sans qu'il y paraisse, dans l'angle de la paillasse qui est le plus rapproché de la fenêtre, vous y trouverez une petite boîte de carton noir et lisse.

— Elle renferme un portrait! dit Mme de Rênal pouvant à peine se tenir debout.

Son air de découragement fut aperçu de Julien, qui aussitôt en profita.

— J'ai une seconde grâce à vous demander, Madame, je vous supplie de ne pas regarder ce portrait, c'est mon secret.

— C'est un secret, répéta Mme de Rênal d'une voix éteinte.

Mais, quoique élevée parmi des gens fiers de leur fortune, et sensibles au seul intérêt d'argent, l'amour avait déjà mis de la générosité dans cette âme. Cruellement blessée, ce fut avec l'air du dévouement le plus simple que Mme de Rênal fit à Julien les questions nécessaires pour pouvoir bien s'acquitter de sa commission.

— Ainsi, lui dit-elle en s'éloignant, une petite boîte ronde, de carton noir, bien lisse.

— Oui, Madame, répondit Julien de cet air dur que le danger donne aux hommes.

Elle monta au second étage du château, pâle comme si elle fût allée à la mort. Pour comble de misère elle sentit qu'elle était sur le point de se trouver mal; mais la nécessité de rendre service à Julien lui rendit des forces.

— Il faut que j'aie cette boîte, se dit-elle en doublant le pas. Elle entendit son mari parler au valet de chambre, dans la chambre même de Julien. Heureusement, ils passèrent dans celle des enfants. Elle souleva le matelas et plongea la main dans la paillasse avec une telle violence qu'elle s'écorcha les doigts.

Mais quoique fort sensible aux petites douleurs de ce genre, elle n'eut pas la conscience de celle-ci, car presque en même temps, elle sentit le poli de la boîte de carton. Elle la saisit et disparut. A peine fut-elle délivrée de la crainte d'être surprise par son mari, que l'horreur que lui causait cette boîte fut sur le point de la faire décidément se trouver mal. Julien est donc amoureux, et je tiens là le portrait de la femme qu'il aime!

Assise sur une chaise dans l'antichambre de cet appartement, Mme de Rênal était en proie à toutes les horreurs de la jalousie. Son extrême ignorance lui fut encore utile en ce moment, l'étonnement tempérait la douleur. Julien parut, saisit la boîte, sans remercier, sans rien dire, et courut dans sa chambre où il fit du feu, et la brûla à l'instant. Il était pâle, anéanti, il s'exagérait l'étendue du danger qu'il venait de courir. Le portrait de Napoléon, se disait-il en hochant la tête, trouvé caché chez un homme qui fait profession d'une telle haine pour l'usurpateur! trouvé par M. de Rênal, tellement ultra et tellement irrité! et pour comble d'imprudence, sur le carton blanc derrière le portrait, des lignes écrites de ma main! et qui ne peuvent laisser aucun doute sur l'excès de mon admiration! et chacun de ces transports d'amour est daté! il y en a d'avant-hier.

Toute ma réputation tombée, anéantie en un moment! se disait Julien, en voyant brûler la boîte, et ma réputation est tout mon bien, je ne vis que par elle . . . et encore, quelle vie, grand Dieu!

Questions:

1 Que savez-vous de la vie de Stendhal?
2 Et de son caractère?
3 Est-ce que ses romans ont beaucoup de succès?
4 Expliquez le titre de son roman *Le Rouge et le Noir*.
5 Pourquoi est-ce que Julien s'inquiète?
6 Qu'est-ce qu'il demande à Mme de Rênal?
7 Pourquoi est-ce qu'elle pâlit?
8 Qu'est-ce que Napoléon représente pour Julien?
9 Que pense-t-il de la vie qu'il mène?

19 Honoré de Balzac

(1799—1850)

Vie et Oeuvre. A l'âge de vingt ans Balzac décide de devenir écrivain. Sous plusieurs pseudonymes il écrit de nombreux romans qui n'ont pas beaucoup de valeur, mais qui lui permettent d'apprendre la technique du roman.

Quand le succès tarde à venir il cherche un autre moyen pour gagner de l'argent. Il achète une imprimerie, mais les affaires vont mal et Balzac contracte de terribles dettes.

Pour les payer il revient à la littérature (1829).

Une vie de labeur commence. En 20 ans, il écrit environ 90 romans et nouvelles e.a. *Eugénie Grandet, Le Père Goriot, Le Lys dans la Vallée, La Cousine Bette.*

C'est en écrivant les premiers de ces romans que l'idée lui vient de faire paraître les mêmes personnages dans plusieurs romans. Quelques mois après son mariage avec une comtesse polonaise, Balzac meurt.

Balzac a réuni ses romans sous le titre collectif *La Comédie Humaine.*

La plupart de ses romans se déroulent sous la Restauration (1815—1830) et sous la monarchie de Juillet (Louis Philippe, 1830—1848). Il peint les moeurs de la société de cette époque. Cette peinture est sombre. La société est *"un océan de boue"*: tout y dépend de l'argent. Seuls les gens énergiques réussissent dans la vie. Aussi retrouve-t-on souvent le thème de l'ambition chez Balzac.

Les personnages de Balzac sont des passionnés: *Grandet* est dévoré par l'avarice, *Goriot* par l'amour paternel, *la Cousine Bette* par la jalousie.

Le Père Goriot, 1834. Le roman commence par une longue description de la triste pension Vauquer et de ses habitants, parmi lesquels le Père Goriot, ancien vermicellier qui s'est enrichi pendant la Révolution et Rastignac, étudiant pauvre mais ambitieux.

Le vieillard a dépensé tout son argent pour permettre à ses filles une vie luxueuse. Elles ne le récompensent pas, au contraire, il doit subir les humiliations de ses gendres.

Rastignac fait ses premiers pas dans la haute société. Il résiste à l'influence de Vautrin, autre habitant de la pension, qui veut le faire complice d'un crime.

Un jour le Père Goriot assiste à une querelle violente entre ses deux filles. Frappé d'apoplexie, il meurt peu de temps après. Avant de mourir, il implore, en vain, la présence de ses filles. Après l'enterrement, Rastignac réfléchit sur la leçon à tirer de cette histoire. Décidé à lutter pour réussir, il lance un défi à la société de Paris: *"A nous deux maintenant!"*.

Premier contact de Rastignac avec le monde

— Dites donc, cria le comte à sa femme, quand elle rentra, ma chère, la terre où demeure la famille de monsieur n'est pas loin de Verteuil, sur la Charente. Le grand-oncle de monsieur et mon grand-père se connaissaient.

— Enchantée d'être en pays de connaissance, dit la comtesse distraite.

— Plus que vous ne le croyez, dit à voix basse Eugène.

— Comment? dit-elle vivement.

— Mais, reprit l'étudiant, je viens de voir sortir de chez vous un monsieur avec lequel je suis porte à porte dans la même pension, le père Goriot. A ce nom enjolivé du mot "père", le comte, qui tisonnait, jeta les pincettes dans le feu, comme si elles lui eussent brûlé les mains, et se leva.

— Monsieur, vous auriez pu dire monsieur Goriot! s'écria-t-il.

La comtesse pâlit d'abord en voyant l'impatience de son mari, puis elle rougit, et fut évidemment embarrassée; elle répondit d'une voix qu'elle voulut rendre naturelle, et d'un air faussement dégagé:

— Il est impossible de connaître quelqu'un que nous aimions mieux . . .

Elle s'interrompit, regarda son piano, comme s'il se réveillait en elle quelque fantaisie, et dit:

— Aimez-vous la musique, monsieur?

— Beaucoup, répondit Eugène devenu rouge et bêtifié par l'idée confuse qu'il eut d'avoir commis quelque lourde sottise.

— Chantez-vous? s'écria-t-elle en s'en allant à son piano dont elle attaqua vivement toutes les touches en les remuant depuis l'ut d'en bas jusqu'au fa d'en haut.

— Non, madame.

Le comte de Restaud se promenait de long en large.

— C'est dommage, vous vous êtes privé d'un grand moyen de succès. *Ca a ro, ca a ro, ca a a a ro, non dubita-re,* chanta la comtesse.

En prononçant le nom du père Goriot, Eugène avait donné un coup de baguette magique. Il se trouvait dans la situation d'un homme introduit par faveur chez un amateur de curiosités, et qui, touchant par mégarde une armoire pleine de figures sculptées, fait tomber trois ou quatre têtes mal collées. Il aurait voulu se jeter dans un gouffre. Le visage de Mme de Restaud était sec, froid, et ses yeux, devenus indifférents, fuyaient ceux du malencontreux étudiant.

— Madame, dit-il, vous avez à causer avec M. de Restaud, veuillez agréer mes hommages et me permettre . . .

— Toutes les fois que vous viendrez, dit précipitamment la comtesse en arrêtant Eugène par un geste, vous êtes sûr de nous faire, à M. de Restaud comme à moi, le plus vif plaisir.

Eugène salua profondément le couple et sortit suivi de M. de Restaud, qui, malgré ses instances, l'accompagna jusque dans l'antichambre.

— Toutes les fois que Monsieur se présentera, dit le comte au domestique, ni Madame, ni moi nous n'y serons.

Questions:

1   Parlez de la vie de Balzac.
2   Quel est le titre collectif de ses romans?
3   Quelle époque décrivent-ils?
4   Quelle est leur originalité?
5   Nommez quelques romans.
6   Comment Balzac peint-il la société?
7   Parlez de ses personnages.
8   Qui est Rastignac?
9   Quel mot met le comte en colère? Et pourquoi?
10   Quelle est la réaction de la comtesse?
11   Dans quelle situation se trouve Rastignac?
12   Qu'est-ce que la comtesse dit à Rastignac quand celui-ci prend congé?
13   Mais le comte, que dit-il au domestique?

20 Le Realisme
Gustave Flaubert
(1821—1880)

Dans le sens large du mot, le Réalisme n'est pas un courant littéraire, mais la tendance à représenter l'aspect concret du monde dans lequel nous vivons.

Mais dans un sens plus restreint, on réserve l'adjectif réaliste pour les grands romanciers du XIXe siècle.

Réalisme est la reproduction objective du monde extérieur. Le Réaliste croit qu'en décrivant l'aspect extérieur des choses et des hommes, il peut nous apprendre beaucoup sur les hommes.

Ainsi Balzac, avant de nous présenter un personnage, commence par le situer dans son milieu social dont il donne une longue. description. Du reste, on trouve beaucoup de descriptions dans les romans réalistes.

L'écrivain réaliste se veut objectif. Il ne se mêle pas au récit pour exprimer son opinion sur ce qui se passe. Il n'embellit pas non plus la réalité comme le faisaient les Romantiques.

Champfleury, auteur réaliste oublié, a dit que le Réalisme consistait à "*Ne pas dire à celui qui est monté sur un âne: Quel beau cheval vous avez là*".

Alors on comprend que les peintures des auteurs réalistes soient souvent grisâtres et même laides.

Balzac et Stendhal sont des précurseurs du Réalisme, Flaubert, quoiqu'il s'en défende, peut être considéré comme un vrai réaliste.

Flaubert (1821—1880)

La vie de Gustave Flaubert est peu mouvementée. Dès l'âge de 23 ans, il se retire dans sa propriété de Croisset, près de Rouen, où il passe son temps à écrire. Ses meilleurs livres sont: *Madame Bovary,* 1857, le roman historique *Salammbô*, 1862, et l'*Education sentimentale*, 1869, roman semi-autobiographique qui décrit l'échec de la génération romantique. Flaubert n'écrit pas facilement. Il reprend toujours son travail et y apporte sans cesse des retouches. Il passe 53 mois à écrire Madame Bovary. Il a l'amour de l'exactitude. Il se documente abondamment. Avant de décrire l'empoisonnement de Mme Bovary, il consulte plusieurs ouvrages médicaux.

Madame Bovary, 1857. Le roman est fondé sur un événement réel. Il s'agit d'une femme romanesque, Emma, qui épouse un simple médecin de campagne, Charles Bovary. Par ses lectures romantiques, elle s'est fait une idée trop haute du mariage. Bientôt elle est déçue par la médiocrité de son mari. Elle étouffe dans le village normand. Elle part à la recherche du bonheur et elle a plusieurs liaisons. Mais elle reste malheureuse. Enfin, accablée de dettes, elle dérobe de l'arsenic chez le pharmacien Homais et s'empoisonne.

Dimanche à Yonville

Ce fut un dimanche de février, un après-midi qu'il neigeait. Ils étaient tous, M. et Madame Bovary, Homais et M. Léon, partis voir, à une demi-lieue d'Yonville, dans la vallée, une filature de lin que l'on établissait. L'apothicaire avait emmené avec lui Napoléon et Athalie, pour leur faire de l'exercice, et Justin les accompagnait portant des parapluies sur son épaule.
Rien pourtant n'était moins curieux que cette curiosité. Un grand espace de terrain vide, où se trouvaient pêle-mêle, entre des tas de sable et de cailloux, quelques roues d'engrenage déjà rouillées, entourait un long bâtiment quadrangulaire que perçaient quantité de petites fenêtres. Il n'était pas achevé d'être bâti et l'on voyait le ciel à travers les lambourdes et la toiture. Attaché à la poutrelle du pignon, un bouquet de paille entremêlé d'épis faisait claquer au vent ses rubans tricolores. Homais parlait. Il expliquait à la compagnie l'importance future de cet établissement, supputait la force des planchers, l'épaisseur des murailles, et regrettait beaucoup de n'avoir pas de canne métrique, comme M. Binet en possédait une pour son usage particulier.
Emma, qui lui donnait le bras, s'appuyait un peu sur son épaule, et elle regardait le disque du soleil irradiant au loin, dans la brume, sa pâleur éblouissante; mais elle tourna la tête: Charles était là. Il avait sa casquette enfoncée sur les sourcils, et ses deux grosses lèvres tremblotaient, ce qui ajoutait à son visage quelque chose de stupide: son dos même, son dos tranquille, était irritant à voir, et elle y trouvait étalée sur la redingote toute la platitude du personnage.
Pendant qu'elle le considérait, goûtant ainsi dans son irritation une sorte de volupté dépravée, Léon s'avança d'un pas. Le froid qui le pâlissait semblait déposer sur sa figure une langueur plus douce; entre sa cravate et son cou, le col de sa chemise, un peu lâche, laissait voir

la peau; un bout d'oreille dépassait sous une mèche de cheveux, et son grand oeil bleu, levé vers les nuages, parut à Emma plus limpide et plus beau que ces lacs des montagnes où le ciel se mire.

— Malheureux! s'écria tout à coup l'apothicaire.

Et il courut à son fils, qui venait de se précipiter dans un tas de chaux pour peindre ses souliers en blanc. Aux reproches dont on l'accablait, Napoléon se prit à pousser des hurlements, tandis que Justin lui essuyait ses chaussures avec un torchis de paille. Mais il eût fallu un couteau! Charles offrit le sien.

— Ah! se dit-elle, il porte un couteau dans sa poche, comme un paysan!

Le givre tombait, et l'on s'en retourna vers Yonville.

Questions:

1 Qu'est-ce que le Réalisme?
2 Pourquoi trouve-t-on tant de descriptions dans les romans réalistes?
3 Qu'est-ce veut dire que le Réalisme est objectif?
4 Nommez quelques romans de Flaubert.
5 Que savez-vous de sa méthode?
6 Parlez d'Emma Bovary.
7 Qu'est-ce qu'on va faire ce dimanche?
8 Emma, comment voit-elle Charles?
9 Et comment voit-elle Léon?
10 Qu'est-ce qui irrite Emma davantage?

21   Charles Baudelaire

(1821—1867)

Vie. Le père de Baudelaire meurt quand son fils est encore jeune. Sa mère se remarie avec un officier qu'il déteste. Le jeune garçon se sent malheureux.

Après ses études secondaires, il mène une vie déréglée. En 1857 il publie un recueil de poésies, *Les Fleurs du Mal,* qui font revivre son drame intérieur.

Bientôt sa santé décline. L'opium ne peut lui faire oublier ses souffrances. Quand, après un vertige, il reste paralysé, il perd tout espoir. En 1867 la mort vient comme une délivrance.

Dans *Les Fleurs du Mal* Baudelaire exprime sa détresse, "son spleen" et cherche des moyens pour y échapper. Quand ni le voyage ni l'ivresse ne peuvent donner l'oubli, il n'aspire plus qu'à la mort.

La cloche fêlée

Il est amer et doux, pendant les nuits d'hiver,
D'écouter, près du feu qui palpite et qui fume,
Les souvenirs lointains lentement s'élever
Au bruit des carillons qui chantent dans la brume.

Bienheureuse la cloche au gosier vigoureux
Qui, malgré sa vieillesse, alerte et bien portante,
Jette fidèlement son cri religieux,
Ainsi qu'un vieux soldat qui veille sous la tente!

Moi, mon âme est fêlée, et lorsqu'en ses ennuis
Elle veut de ses chants peupler l'air froid des nuits
Il arrive souvent que sa voix affaiblie

Semble le râle épais d'un blessé qu'on oublie
Au bord d'un lac de sang, sous un grand tas de morts
Et qui meurt, sans bouger, dans d'immenses efforts.

Voyage (fin)

O Mort, vieux capitaine, il est temps! levons l'ancre.
Ce pays nous ennuie, ô Mort! Appareillons!
Si le ciel et la mer sont noirs comme de l'encre,
Nos coeurs que tu connais sont remplis de rayons!

Verse-nous ton poison pour qu'il nous réconforte!
Nous voulons, tant ce feu nous brûle le cerveau,
Plonger au fond du gouffre, Enfer ou Ciel, qu'importe?
Au fond de l'Inconnu pour trouver du *nouveau!*

Dans *L'Albatros* Baudelaire décrit la solitude morale du poète au milieu
d'hommes médiocres qui se moquent de lui.

L'Albatros

Souvent, pour s'amuser, les hommes d'équipage
Prennent des albatros, vastes oiseaux des mers,
Qui suivent, indolents compagnons de voyage,
Le navire glissant sur les gouffres amers.

A peine les ont-ils déposés sur les planches,
Que ces rois de l'azur, maladroits et honteux,
Laissent piteusement leurs grandes ailes blanches
Comme des avirons traîner à côté d'eux.

Ce voyageur ailé, comme il est gauche et veule!
Lui, naguère si beau, qu'il est comique et laid!
L'un agace son bec avec un brûle-gueule,
L'autre mime, en boitant, l'infirme qui volait!

Le Poète est semblable au prince des nuées
Qui hante la tempête et se rit de l'archer;
Exilé sur le sol au milieu des huées,
Ses ailes de géant l'empêchent de marcher.

Dans le fragment suivant Baudelaire dit que le monde dans lequel nous
vivons ne se limite pas aux choses que nous voyons. Derrière ses apparen-
ces il y a un monde supérieur, invisible que l'artiste seul peut suggérer.

Dans la deuxième strophe, il donne la théorie des *"correspondances"* selon laquelle certaines sensations peuvent en évoquer d'autres. Un parfum par exemple peut évoquer la vision d'un paysage exotique.

Correspondances

La Nature est un temple où de vivants piliers
Laissent parfois sortir de confuses paroles;
L'homme y passe à travers des forêts de symboles
Qui l'observent avec des regards familiers.

Comme de longs échos qui de loin se confondent
Dans une ténébreuse et profonde unité,
Vaste comme la nuit et comme la clarté,
Les parfums, les couleurs et les sons se répondent.

Parfum exotique

Quand, les deux yeux fermés, en un soir chaud d'automne,
Je respire l'odeur de ton sein chaleureux,
Je vois se dérouler des rivages heureux
Qu'éblouissent les feux d'un soleil monotone;

Une île paresseuse où la nature donne
Des arbres singuliers et des fruits savoureux;
Des hommes dont le corps est mince et vigoureux,
Et des femmes dont l'oeil par sa franchise étonne.

Guidé par ton odeur vers de charmants climats,
Je vois un port rempli de voiles et de mâts
Encore tout fatigués par la vague marine,

Pendant que le parfum des verts tamariniers,
Qui circule dans l'air et m'enfle la narine,
Se mêle dans mon âme au chant des mariniers.

Le poète évoque ici les souvenirs d'un voyage aux Indes qu'il a fait à vingt ans. La femme dont il s'agit est la mulâtresse Jeanne Duval avec qui il se lie après ce voyage. Malgré leurs brouilles elle restera sa compagne jusqu'à la mort du poète. Dans *Harmonie du Soir* il se souvient d'une autre femme à qui il voue un amour plutôt spirituel. La forme du poème est celle du pantoum malais.

Harmonie du Soir

Voici venir les temps où vibrant sur sa tige
Chaque fleur s'évapore ainsi qu'un encensoir,
Les sons et les parfums tournent dans l'air du soir,
Valse mélancolique et langoureux vertige!

Chaque fleur s'évapore ainsi qu'un encensoir;
Le violon frémit comme un coeur qu'on afflige;
Valse mélancolique et langoureux vertige!
Le ciel est triste et beau comme un grand reposoir.

Le violon frémit comme un coeur qu'on afflige,
Un coeur tendre, qui hait le néant vaste et noir!
Le ciel est triste et beau comme un grand reposoir.
Le soleil s'est noyé dans son sang qui se fige.

Un coeur tendre, qui hait le néant vaste et noir,
Du passé lumineux recueille tout vestige!
Le soleil s'est noyé dans son sang qui se fige . . .
Ton souvenir en moi luit comme un ostensoir!

Questions:

1   Que savez-vous de la jeunesse de Baudelaire?
2   Qu'est-ce qu'il exprime dans les *Fleurs du Mal?*
3   Sauriez-vous expliquer ce titre?
4   Baudelaire, comment voit-il le poète?   (*L'Albatros*)
5   Que pense-t-il du monde réel?
6   Parlez des "correspondances".
7   Qu'est-ce qui évoque le paysage de *Parfum exotique?*
8   Décrivez ce paysage.

22   Le Naturalisme
Emile Zola

(1840—1902)

Le **Naturalisme** est né du Réalisme, mais il a en plus une prétention scientifique. L'enthousiasme pour les sciences expérimentales qui marque la seconde moitié du XIXe siècle explique cette prétention.

Le Naturalisme considère que l'homme est déterminé par deux facteurs: l'hérédité et le milieu. Selon Zola le roman doit être le compte-rendu d'une expérience et décrire les réactions d'un individu dans certaines circonstances. Dans les 19 romans des *Rougon-Macquart, histoire naturelle et sociale d'une famille sous le Second Empire,* Zola veut étudier à travers cinq générations *"le travail secret qui donne aux enfants d'un même père des passions et des caractères différents à la suite des croisements et des façons particulières de vivre".*

Les personnages sont des êtres ordinaires, plus instinctifs que psychologiquement individualisés. Comme les personnages appartiennent aux milieux les plus variés, la description des milieux occupe une grande place. Avec Zola la classe ouvrière fait son apparition dans la littérature. Enfin, on note une certaine prédilection pour la laideur, pour les choses répugnantes.

Emile Zola *(1840—1902)*

Après un échec au baccalauréat, Zola devient employé de librairie et fait du journalisme. Quelques années après il se consacre entièrement à la littérature. En 1868 il conçoit les Rougon-Macquart. Il établit un plan, se documente et se met à écrire très régulièrement, chaque jour un certain nombre de pages. Ce travail l'occupe 25 ans.

Le septième volume, *l'Assommoir,* a un grand succès et l'impose comme chef du Naturalisme.

Vers la fin de sa vie Zola s'occupe de politique. Il montre des tendances socialistes. En 1898 il intervient dans l'affaire Dreyfus en publiant son célèbre article *"J'accuse".* Il meurt accidentellement en 1902.

L'Assommoir, 1877. Après avoir été abandonnée par son mari, Gervaise rencontre l'ouvrier Coupeau. Ils se marient et leur ménage est heureux jusqu'au moment où Coupeau tombe d'un toit et se casse la jambe. L'ennui qu'il éprouve durant sa convalescence le conduit au cabaret (L'Assommoir). Lui qui ne buvait guère, pour ne pas suivre l'exemple de son père, devient vite un ivrogne. L'alcool fait son travail: la déchéance de cette famille est désormais inévitable.

L'Assommoir s'était empli. On parlait très fort, avec des éclats de voix qui déchiraient le murmure gras des enrouements. Des coups de poing sur le comptoir, par moments, faisaient tinter les verres. Tous debout, les mains croisées sur le ventre ou rejetées derrière le dos, les buveurs formaient de petits groupes, serrés les uns contre les autres; il y avait des sociétés, près des tonneaux, qui devaient attendre un quart d'heure, avant de pouvoir commander leurs tournées au père Colombe.

— Comment! c'est cet aristo de Cadet-Cassis! cria Mes-Bottes, en appliquant une rude tape sur l'épaule de Coupeau. Un joli monsieur qui fume du papier et qui a du linge!... On veut donc épater sa connaissance, on lui paie des douceurs!

— Hein! ne m'embête pas! répondit Coupeau, très contrarié.

Mais l'autre ricanait.

— Suffit! on est à la hauteur, mon bonhomme... Les mufes sont des mufes, voilà!

Il tourna le dos, après avoir louché terriblement, en regardant Gervaise. Celle-ci reculait, un peu effrayée. La fumée des pipes, l'odeur forte de tous ces hommes, montaient dans l'air chargé d'alcool; et elle étouffait, prise d'une petite toux!

— Oh! c'est vilain de boire! dit-elle à demi-voix.

Et elle raconta qu'autrefois, avec sa mère, elle buvait de l'anisette, à Plassans. Mais elle avait failli en mourir un jour, et ça l'avait dégoûtée; elle ne pouvait plus voir les liqueurs.

— Tenez, ajouta-t-elle en montrant son verre, j'ai mangé ma prune; seulement je laisserai la sauce, parce que ça me ferait du mal. Coupeau, lui aussi, ne comprenait pas qu'on pût avaler de pleins verres d'eau de vie. Une prune par-ci, par-là, çe n'était pas mauvais. Quant au vitriol, à l'absinthe et aux autres cochonneries, bonsoir! il n'en fallait pas. Les camarades avaient beau le blaguer, il restait à la porte, lorsque ces cheulards-là entraient à la mine à poivre. Le papa Coupeau, qui était zingueur comme lui, s'était écrabouillé la tête sur le pavé de la rue Coquenard, en tombant, un jour de ribote, de la gouttière du n° 25; et ce souvenir, dans la famille, les rendait tous sages. Lui, lorsqu'il passait rue Coquenard et qu'il voyait la place, il aurait plutôt bu l'eau du ruisseau que d'avaler un canon gratis chez le marchand de vin. Il conclut par cette phrase: — Dans notre métier, il faut des jambes solides.

Gervaise avait repris son panier. Elle ne se levait pourtant pas, le tenait sur ses genoux, les regards perdus, rêvant, comme si les paroles du jeune ouvrier éveillaient en elle des pensées lointaines d'existence. Et elle dit encore, lentement, sans transition apparente:

— Mon Dieu! je ne suis pas ambitieuse, je ne demande pas grand-chose ... Mon idéal, ce serait de travailler tranquille, de manger toujours du pain, d'avoir un trou un peu propre pour dormir, vous savez, un lit, une table et deux chaises, pas davantage ...Ah! je voudrais aussi élever mes enfants, en faire de bons sujets, si c'était possible...Il y a encore un idéal, ce serait de ne pas être battue, si je me remettais jamais en ménage; non, ça ne me plairait pas d'être battue ... Et c'est tout, vous voyez, c'est tout ...

Elle cherchait, interrogeait ses désirs, ne trouvait plus rien de sérieux qui la tentât. Cependant, elle reprit, après avoir hésité:

— Oui, on peut à la fin avoir le désir de mourir dans son lit ... Moi, après avoir bien trimé toute ma vie, je mourrais volontiers dans mon lit, chez moi.

Questions:

1 Quelle est la différence entre le Réalisme et le Naturalisme?
2 Parlez du déterminisme.
3 Qui est le chef du Naturalisme?
4 Quel est le but de Zola en écrivant *Les Rougon-Macquart?*
5 Que savez-vous de ses personnages?
6 Quel est le rôle de Zola dans l'affaire Dreyfus?
7 Qu'est-ce que l'Assommoir?
8 Décrivez l'ambiance du bistrot.
9 Gervaise, aime-t-elle cette ambiance?
10 Pourquoi est-ce que Coupeau ne boit pas?
11 Quel est l'idéal de Gervaise?

23   Les conteurs

Parmi les auteurs du XIXe siècle qui ont écrit des contes et des nouvelles nous citons:

Prosper Mérimée (1803—1870)

Ce romantique écrit dans un style sobre, presque classique; il aime les histoires sombres et violentes. *Colomba*, 1840 est l'histoire d'une vendetta qui se passe en Corse.

Alphonse Daudet (1840—1897)

Avant d'écrire des romans réalistes, il est l'auteur d'évocations pittoresques de la vie méridionale, dans ses contes *Lettres de mon Moulin*, 1869, et dans son roman burlesque *Tartarin de Tarascon*, 1872.

Guy de Maupassant (1850—1893)

Enfin Guy de Maupassant, le disciple de Flaubert. Il est sans doute le plus célèbre.
De 1880 à 1891 il écrit 6 romans et près de 300 contes. Il décrit les paysans de sa Normandie natale, la petite bourgeoisie, la guerre de 1870. D'autres contes témoignent des troubles nerveux dont il souffre.
La vision du monde de Guy de Maupassant est très pessimiste: le monde offre le spectacle d'une éternelle bêtise, l'homme y est absolument seul. Son désespoir s'exprime souvent sous une forme sarcastique.
Guy de Maupassant meurt en 1893 dans une maison de santé.

Un coup d'état.

Le 5 septembre au matin, le docteur Massarel en uniforme, son revolver sur sa table, donnait une consultation à un couple de vieux campagnards, dont l'un, le mari, atteint de varices depuis sept ans, avait attendu que sa femme en eût aussi pour venir trouver le médecin, quand le facteur apporta le journal.

M. Massarel l'ouvrit, pâlit, se dressa brusquement, et, levant les bras au ciel dans un geste d'exaltation, il se mit à vociférer de toute sa voix devant les deux ruraux affolés:

— Vive la République! vive la République! vive la République! Puis il retomba sur son fauteuil, défaillant d'émotion. Et comme le paysan reprenait: — Ça a commencé par des fourmis qui me couraient censément dans les jambes, le docteur Massarel s'écria:

— Fichez-moi la paix; j'ai bien le temps de m'occuper de vos bêtises. La République est proclamée, l'empereur est prisonnier, la France est sauvée. Vive la République! Et courant à la porte, il beugla: — Céleste, vite, Céleste!

La bonne épouvantée accourut; il bredouillait, tant il parlait rapidement:

— Mes bottes, mon sabre, ma cartouchière et le poignard espagnol qui est sur ma table de nuit: dépêche-toi!

Comme le paysan obstiné, profitant d'un instant de silence, continuait:

— Ça a devenu comme des poches qui me faisaient mal en marchant, le médecin exaspéré hurla:

— Fichez-moi donc la paix, nom d'un chien! si vous vous étiez lavé les pieds, ça ne serait pas arrivé.

Puis, le saisissant au collet, il lui jeta dans la figure:

— Tu ne sens donc pas que nous sommes en république, triple brute? Mais le sentiment professionnel le calma tout aussitôt, et il poussa dehors le ménage abasourdi, en répétant:

— Revenez demain, revenez demain, mes bons amis. Je n'ai pas le temps aujourd'hui.

Tout en s'équipant des pieds à la tête, il donna de nouveau une série d'ordres urgents à sa bonne:

— Cours chez le lieutenant Picart et chez le sous-lieutenant Pommel, et dis-leur que je les attends ici immédiatement. Envoie-moi aussi Torchebeuf avec son tambour, vite, vite!

Et quand Céleste fut sortie, il se recueillit, se préparant à surmonter les difficultés de la situation.

Les trois hommes arrivèrent ensemble, en vêtement de travail. Le commandant, qui s'attendait à les voir en tenue, eut un moment de sursaut.

— Vous ne savez donc rien, sacrebleu! L'Empereur est prisonnier, la République est proclamée. Il faut agir. Ma position est délicate, je dirai plus, périlleuse.

Il réfléchit quelques secondes devant les visages ahuris de ses surbordonnés, puis reprit:

— Il faut agir et ne pas hésiter; les minutes valent des heures dans des instants pareils. Tout dépend de la promptitude des décisions. Vous,

Picart, allez trouver le curé et sommez-le de sonner le tocsin pour réunir la population que je vais prévenir. Vous, Torchebeuf, battez le rappel dans toute la commune jusqu'aux hameaux de la Gerisaie et de Salmare pour rassembler la milice en armes sur la place. Vous, Pommel, revêtez promptement votre uniforme, rien que la tunique et le képi. Nous allons occuper ensemble la mairie et sommer M. de Varnetot de me remettre ses pouvoirs. C'est compris?

— Oui.

— Exécutez, et promptement. Je vous accompagne jusque chez vous, Pommel, puisque nous opérons ensemble.

Cinq minutes plus tard, le commandant et son subalterne, armés jusqu' aux dents, apparaissaient sur la place juste au moment où le petit vicomte de Varnetot, les jambes guêtrées comme pour une partie de chasse, son lefaucheux sur l'épaule, débouchait à pas rapides par l'autre rue, suivi de ses trois gardes en tunique verte, le couteau sur la cuisse et le fusil en bandoulière.

Pendant que le docteur s' arrêtait, stupéfait, les quatre hommes pénétrèrent dans la mairie dont la porte se referma derrière eux.

— Nous sommes devancés, murmura le médecin, il faut maintenant attendre du renfort. Rien à faire pour le quart d'heure.

Le lieutenant Picart reparut:

— Le curé a refusé d'obéir, dit-il; il s'est même enfermé dans l'église avec le bedeau et le suisse.

Et, de l'autre côté de la place, en face de la mairie blanche et close, l'église muette et noire, montrait sa grande porte de chêne garnie de ferrures de fer.

Alors, comme les habitants intrigués, mettaient le nez aux fenêtres ou sortaient sur le seuil des maisons, le tambour soudain roula, et Torchebeuf apparut, battant avec fureur les trois coups précipités du rappel. Il traversa la place au pas gymnastique, puis disparut dans le chemin des champs.

Le commandant tira son sabre, s'avança seul, à moitié distance environ entre les deux bâtiments où s'était barricadé l'ennemi et, agitant son arme au-dessus de sa tête, il mugit de toute la force de ses poumons:

— Vive la République! Mort aux traîtres!

Puis il se replia vers ses officiers.

Le boucher, le boulanger et le pharmacien, inquiets, accrochèrent leurs volets et fermèrent leurs boutiques. Seul, l'épicier demeura ouvert.

Cependant les hommes de la milice arrivaient peu à peu, vêtus diversement et tous coiffés d'un képi noir à galon rouge, le képi constituant tout l'uniforme du corps. Ils étaient armés de leurs vieux fusils rouillés, ces vieux fusils pendus depuis trente ans sur les cheminées des cuisines, et ils ressemblaient assez à un détachement de gardes champêtres.

Lorsqu'il en eut une trentaine autour de lui, le commandant, en quelques mots, les mit au fait des événements; puis, se tournant vers son état-major: — Maintenant, agissons, dit-il.

Les habitants se rassemblaient, examinaient et devisaient.

Le docteur eut vite arrêté son plan de campagne:

— Lieutenant Picart, vous allez vous avancer sous les fenêtres de cette mairie et sommer M. de Varnetot, au nom de la République, de me remettre la maison de ville.

Mais le lieutenant, un maître maçon refusa:

— Vous êtes encore un malin, vous. Pour me faire flanquer un coup de fusil, merci. Ils tirent bien ceux qui sont là dedans, vous savez. Faites vos commissions vous-même .

Le commandant devint rouge.

— Je vous ordonne d'y aller au nom de la discipline.

Le lieutenant se révolta:

— Plus souvent que je me ferai casser la figure sans savoir pourquoi.

Les notables, rassemblés en un groupe voisin, se mirent à rire. Un d'eux cria:

— T'as raison, Picart, c'est pas l'moment!

Le docteur, alors, murmura:

— Lâches!

Et, déposant son sabre et son revolver aux mains d'un soldat, il s'avança d'un pas lent, l'oeil fixé sur les fenêtres, s'attendant à en voir sortir un canon de fusil braqué sur lui.

Comme il n'était qu'à quelques pas du bâtiment, les portes des deux extrémités donnant entrée dans les deux écoles s'ouvrirent, et un flot de petits êtres, garçons par-ci, filles par-là, s'en échappèrent et se mirent à jouer sur la grande place vide, piaillant, comme un troupeau d'oies, autour du docteur, qui ne pouvait se faire entendre.

Aussitôt les derniers élèves sortis, les deux portes s'étaient refermées. Le gros des marmots enfin se dispersa, et le commandant appela d'une voix forte:

— Monsieur de Varnetot?

Une fenêtre du premier étage s'ouvrit, M. de Varnetot parut. Le commandant reprit:

— Monsieur, vous savez les grands événements qui viennent de changer la face du gouvernement. Celui que je représente monte au pouvoir. En ces circonstances douloureuses, mais décisives, je viens vous demander, au nom de la nouvelle République, de remettre en mes mains les fonctions dont vous avez été investi par le précédent pouvoir.

M. de Varnetot répondit:

— Monsieur le Docteur, je suis maire de Canneville, nommé par l'autorité compétente, et je resterai maire de Canneville tant que je n'aurai pas été révoqué et remplacé par un arrêté de mes supérieurs. Maire, je suis chez moi dans la mairie, et j'y reste. Au surplus, essayez de m'en faire sortir.

Et il referma la fenêtre.

Le commandant retourna vers sa troupe. Mais, avant de s'expliquer, toisant du haut en bas le lieutenant Picart:

— Vous êtes un crâne, vous, un fameux lapin, la honte de l'armée. Je vous casse de votre grade.

Le lieutenant répondit:

— Je m'en fiche un peu.

Et il alla se mêler au groupe murmurant des habitants.

Alors le docteur hésita. Que faire? Donner l'assaut? Mais ses hommes marcheraient-ils? Et puis, en avait-il le droit?

Une idée l'illumina. Il courut au télégraphe dont le bureau faisait face à la mairie, de l'autre côté de la place. Et il expédia trois dépêches:

A. MM. les membres du gouvernement républicain, à Paris; A. M. le nouveau préfet républicain de la Seine-Inférieure, à Rouen; A. M. le nouveau sous-préfet républicain de Dieppe.

Il exposait la situation, disait le danger couru par la commune demeurée aux mains de l'ancien maire monarchiste, offrait ses services dévoués, demandait des ordres et signait en faisant suivre son nom de tous ses titres.

Puis il revint vers son corps d'armée et, tirant dix francs de sa poche:

— Tenez, mes amis, allez manger et boire un coup; laissez seulement ici un détachement de dix hommes pour que personne ne sorte de la mairie.

Mais l'ex-lieutenant Picart, qui causait avec l'horloger, entendit; il se mit à ricaner et prononça: — Pardi, s'ils sortent, ce sera une occasion d'entrer. Sans ça, je ne vous vois pas encore là-dedans, moi!

Le docteur ne répondit pas, et il alla déjeuner.

Dans l'après-midi, il disposa des postes tout autour de la commune, comme si elle était menacée d'une surprise.

Il passa plusieurs fois devant les portes de la maison de ville et de l'église sans rien remarquer de suspect; on aurait cru vides ces deux bâtiments.

Le boucher, le boulanger et le pharmacien rouvrirent leurs boutiques. On jasait beaucoup dans les logis. Si l'empereur était prisonnier, il y avait quelque traîtrise là-dessous. On ne savait pas au juste laquelle des républiques était revenue.

La nuit tomba.

Vers neuf heures, le docteur s'approcha seul, sans bruit, de l'entrée du bâtiment communal, persuadé que son adversaire était parti se coucher; et, comme il se disposait à enfoncer la porte à coups de pioche, une voix forte, celle d'un garde, demanda tout à coup:

— Qui va là?

Et M. Massarel battit en retraite à toutes jambes.

Le jour se leva sans que rien fût changé dans la situation. La milice en armes occupait la place. Tous les habitants s'étaient réunis autour de cette troupe, attendant une solution. Ceux des villages voisins arrivaient pour voir.

Alors, le docteur, comprenant qu'il jouait sa réputation, résolut d'en finir d'une manière ou d'une autre; et il allait prendre une résolution quelconque, énergique assurément, quand la porte du télégraphe s'ouvrit et la petite servante de la directrice parut, tenant à la main deux papiers.

Elle se dirigea d'abord vers le commandant et lui remit une des dépêches; puis, traversant le milieu désert de la place, intimidée par tous les yeux fixés sur elle, baissant la tête et trottant menu, elle alla frapper doucement à la maison barricadée, comme si elle eût ignoré qu'un parti armé s'y cachait.

L'huis s'entre-bâilla; une main d'homme reçut le message, et la fillette revint, toute rouge, prête à pleurer, d'être dévisagée ainsi par le pays entier.

Le docteur demanda d'une voix vibrante:

— Un peu de silence, s'il vous plaît.

Et comme le populaire s'était tu, il reprit fièrement:

— Voici la communication que je reçois du gouvernement.

Et, élevant sa dépêche, il lut:

Ancien maire révoqué. Veuillez aviser au plus pressé.
Recevrez instructions ultérieures.

Pour le sous-préfet,
SAPIN, conseiller.

Il triomphait; son coeur battait de joie; ses mains tremblaient, mais Picart, son ancien subalterne, lui cria d'un groupe voisin:

— C'est bon, tout ça: mais si les autres ne sortent pas, ça vous fait une belle jambe, votre papier.

Et M. Massarel pâlit. Si les autres ne sortaient pas, en effet, il fallait aller de l'avant maintenant. C'était non seulement son droit, mais aussi son devoir.

Et il regardait anxieusement la mairie, espérant qu'il allait voir la porte s'ouvrir et son adversaire se replier.

La porte restait fermée. Que faire? La foule augmentait, se serrait autour de la milice. On riait.

Une réflexion surtout torturait le médecin. S'il donnait l'assaut, il faudrait marcher à la tête de ses hommes; et comme, lui mort, toute contestation cesserait, c'était sur lui, sur lui seul que tireraient M. de Varnetot

et ses trois gardes. Et ils tiraient bien, très bien; Picart venait encore de le lui répéter. Mais une idée l'illumina et, se tournant vers Pommel:
— Allez vite prier le pharmacien de me prêter une serviette et un bâton.

Le lieutenant se précipita.

Il allait faire un drapeau parlementaire, un drapeau blanc dont la vue réjouirait peut-être le coeur légitimiste de l'ancien maire.

Pommel revint avec le linge demandé et un manche à balai. Au moyen de ficelles, on organisa cet étendard que M. Massarel saisit à deux mains; et il s'avança de nouveau vers la mairie en le tenant devant lui. Lorsqu'il fut en face de la porte, il appela encore:
— Monsieur de Varnetot. La porte s'ouvrit soudain, et M. de Varnetot apparut sur le seuil avec ses trois gardes.

Le docteur recula par un mouvement instinctif; puis, il salua courtoisement son ennemi et prononça, étranglé par l'émotion:
— Je viens, Monsieur, vous communiquer les instructions que j'ai reçues.

Le gentilhomme, sans lui rendre son salut, répondit: — Je me retire, Monsieur, mais sachez bien que ce n'est ni par crainte, ni par obéissance à l'odieux gouvernement qui usurpe le pouvoir.

Et, appuyant sur chaque mot, il déclara: — Je ne veux pas avoir l'air de servir un seul jour la République. Voilà tout.

Massarel, interdit, ne répondit rien; et M. de Varnetot, se mettant en marche d'un pas rapide, disparut au coin de la place, suivi toujours de son escorte.

Alors le docteur, éperdu d'orgueil, revint vers la foule. Dès qu'il fut assez près pour se faire entendre, il cria: — Hurrah! hurrah! La République triomphe sur toute la ligne.

Aucune émotion ne se manifesta.

Le médecin reprit: — Le peuple est libre, vous êtes libres, indépendants. Soyez fiers!

Les villageois inertes le regardaient sans qu'aucune gloire illuminât leurs yeux.

A son tour, il les contempla, indigné de leur indifférence, cherchant ce qu'il pourrait dire, ce qu'il pourrait faire pour frapper un grand coup, électriser ce pays placide, remplir sa mission d'initiateur.

Mais une inspiration l'envahit et, se tournant vers Pommel:
— Lieutenant, allez chercher le buste de l'ex-empereur qui est dans la salle des délibérations du conseil municipal, et apportez-le avec une chaise.

Et bientôt l'homme reparut portant sur l'épaule droite le Bonaparte de plâtre, et tenant de la main gauche une chaise de paille. M. Massarel vint au-devant de lui, prit la chaise, la posa par terre, plaça dessus le buste blanc, puis se reculant de quelques pas, l'interpella d'une voix sonore:

— Tyran, tyran, te voici tombé, tombé dans la boue, tombé dans la fange. La patrie expirante râlait sous ta botte. Le Destin vengeur t'a frappé. La défaite et la honte se sont attachées à toi; tu tombes vaincu, prisonnier du Prussien; et, sur les ruines de ton empire croulant, la jeune et radieuse République se dresse, ramassant ton épée brisée . . . Il attendait des applaudissements. Aucun cri, aucun battement de mains n'éclata. Les paysans effarés se taisaient; et le buste aux moustaches pointues qui dépassaient les joues de chaque côté, le buste immobile et bien peigné comme une enseigne de coiffeur, semblait regarder M. Massarel avec son sourire de plâtre, un sourire ineffaçable et moqueur. Ils demeuraient ainsi face à face, Napoléon sur sa chaise, le médecin debout, à trois pas de lui. Une colère saisit le commandant. Mais que faire? que faire pour émouvoir ce peuple et gagner définitivement cette victoire de l'opinion?

Sa main, par hasard, se posa sur son ventre, et il rencontra, sous sa ceinture rouge, la crosse de son revolver.

Aucune inspiration, aucune parole ne lui venaient plus. Alors, il tira son arme, fit deux pas et, à bout portant, foudroya l'ancien monarque. La balle creusa dans le front un petit trou noir, pareil à une tache, presque rien. L'effet était manqué. M. Massarel tira un second coup, qui fit un second trou, puis sans s'arrêter, il lâcha les trois derniers. Le front de Napoléon volait en poussière blanche, mais les yeux, le nez et les fines pointes de moustaches restaient intacts.

Alors, exaspéré, le docteur renversa la chaise d'un coup de poing et, appuyant un pied sur le reste du buste, dans une position de triomphateur, il se tourna vers le public abasourdi en vociférant:

— Périssent ainsi tous les traîtres!

Mais comme aucun enthousiasme ne se manifestait encore, comme les spectateurs semblaient stupides d'étonnement, le commandant cria aux hommes de la milice: — Vous pouvez maintenant regagner vos foyers. Et il se dirigea lui-même à grands pas vers sa maison, comme s'il eût fui.

Sa bonne, dès qu'il parut, lui dit qui des malades l'attendaient depuis plus de trois heures dans son cabinet. Il y courut. C'étaient les deux paysans aux varices, revenus dès l'aube, obstinés et patients. Et le vieux aussitôt reprit son explication:

— Ça a commencé par des fourmis qui me couraient censément le long des jambes . . .

Questions:

1 Nommez un conteur de la première moitié du siècle.
2 Quelles histoires aime-t-il?
3 Citez un de ses contes.
4 Quelle région Daudet aime-t-il à décrire?
5 Parlez de l'oeuvre de Maupassant.
6 Quels sont les thèmes de ses contes?
7 Comment voit-il le monde?
8 A quelle époque se passe *Un Coup d'Etat?*
9 Quels partis s'y opposent?
10 Résumez ce conte.
11 Donnez quelques exemples de la façon ironique dont il peint l'attitude du docteur.

Zola vers 1890 (Photo Melandri)

Arthur Rimbaud (page 97)
Dessin de Paul Verlaine

André Gide (page 106)

Si je mourais là - bas, ...

Si je mourais là-bas sur le front de l'armée.
Tu pleurerais un jour, ô Lou, ma bien-aimée.
Et puis mon souvenir s'éteindrait comme meurt
Un obus éclatant sur le front de l'armée
Un bel obus semblable aux mimosas en fleurs.

Et puis ce souvenir éclaté dans l'espace
Couvrirait de mon sang le monde tout entier :
La mer, les monts, les vals et l'étoile qui passe
Les soleils merveilleux mûrissant dans l'espace
Comme font les fruits d'or autour de Baratier.

Souvenir oublié, vivant dans toutes choses,
Je rougirais le bout de tes jolis seins roses,
Je rougirais ta bouche et tes cheveux sanglants,
Tu ne vieillirais point, toutes ces belles choses
Rajeuniraient toujours pour leurs destins galants.

Le fatal giclement de mon sang sur le monde
Donnerait au soleil plus de vive clarté
Aux fleurs plus de couleur, plus de vitesse à l'onde,
Un amour inouï descendrait sur le monde,
L'amant serait plus fort dans ton corps écarté.

Lou, si je meurs là - bas, souvenir qu'on oublie,
— Souviens-t-en quelquefois aux instants de folie,
De jeunesse et d'amour et d'éclatante ardeur.
Mon sang c'est la fontaine ardente du bonheur !
Et sois la plus heureuse étant la plus jolie,

O mon unique amour et ma grande folie !

Guillaume Apollinaire
30 janv. 1915
Nîmes

L a nuit descend,
O n y pressent
C un long, un long destin de sang.

Fac-similé du poème "Si je mourais là - bas . . ."
de Guillaume Apollinaire
In: Poèmes à Lou. Pierre Cailler éd Genève, 1955 (page 114)

24   Paul Verlaine

(1844—1896)

Arthur Rimbaud

(1854—1891)

L'influence de Baudelaire a été énorme. Verlaine, Rimbaud et leurs successeurs "symbolistes" continuent dans cette voie. Par la musique de leurs vers, ces poètes veulent faire sentir leurs sentiments les plus intimes et les plus confus. Leur art est évocateur, suggestif, tout comme la peinture impressionniste ou la musique d'un Debussy.

Vie. *Paul Verlaine* est né en 1844. Après avoir passé le baccalauréat il devient employé à l'Hôtel de Ville. En même temps il se consacre à la littérature. Mais il commence aussi à boire.

L'amour de la jeune Mathilde Mauté lui inspire les poésies du recueil *La Bonne Chanson* et durant peu de temps il trouve le bonheur.

En 1872 il rencontre *Arthur Rimbaud* qui n'a pas 18 ans. Ce génie précoce vient de Charleville. Il a déjà fait plusieurs fugues à Paris pour échapper à la tyrannie de sa mère et à la vie conventionnelle de son milieu ardennais. Pour lui, Verlaine quitte sa jeune femme. Les deux poètes vivent ensemble en Angleterre et en Belgique. Mais en juillet 1873 c'est le drame. Après une scène violente, Verlaine, qui a bu, tire deux coups de revolver sur son ami. Il est arrêté et passe deux ans en prison, tandis que Rimbaud, légèrement blessé, retourne chez lui. Désormais leurs vies se séparent.

En prison Verlaine se repent, se tourne vers Dieu et tâche de refaire sa vie. Il y réussit quelque temps, mais finalement il retombe dans la débauche. Il meurt en 1896.

De son côté, Rimbaud achève son oeuvre littéraire, puis il parcourt le monde. Il passe dix années en Afrique comme négociant. Il meurt à 37 ans, en 1891.

L'Oeuvre. Les recueils les plus importants de Verlaine sont *Romances sans Paroles* (1872) et *Sagesse* (1881), écrite en partie en prison. Toute l'oeuvre de Rimbaud a été écrite avant sa vingtième année. Elle comprend, outre ses *Poésies*, une confession lyrique inspirée par sa liaison avec Verlaine, *Une Saison en Enfer*. Il y lance un adieu à la poésie qui l'a déçu.

Verlaine, Je suis venu

Je suis venu, calme orphelin,
Riche de mes seuls yeux tranquilles,
Vers les hommes des grandes villes:
Ils ne m'ont pas trouvé malin.

A vingt ans un trouble nouveau,
Sous le nom d'amoureuse flamme,
M'a fait trouver belles les femmes:
Elles ne m'ont pas trouvé beau!

Bien que sans patrie et sans roi
Et très brave ne l'étant guère,
J'ai voulu mourir à la guerre:
La mort n'a pas voulu de moi.

Suis-je né trop tôt ou trop tard?
Qu'est-ce que je fais en ce monde?
O vous tous, ma peine est profonde!
Priez pour le pauvre Gaspard!

Verlaine, Le ciel est...

Le ciel est par-dessus le toit
    Si bleu, si calme!
Un arbre par-dessus le toit
    Berce sa palme.

La cloche dans le ciel qu'on voit
    Doucement tinte.
Un oiseau sur l'arbre qu'on voit
    Chante sa plainte.

Mon Dieu, mon Dieu, la vie est là,
    Simple et tranquille.
Cette paisible rumeur-là
    Vient de la ville.

— Qu'as-tu fait, ô toi que voilà
    Pleurant sans cesse,
Dis, qu'as-tu fait, toi que voilà
    De ta jeunesse?

Verlaine, La lune blanche

La lune blanche
Luit dans les bois;
De chaque branche
Part une voix
Sous la ramée...
O bien-aimée.

L'étang reflète,
Profond miroir,
La silhouette
Du saule noir
Où le vent pleure...
Rêvons: c'est l'heure.

Un vaste et tendre
Apaisement
Semble descendre
Du firmament
Que l'astre irise...
C'est l'heure exquise.

Rimbaud, Le Dormeur du Val

C'est un trou de verdure où chante une rivière
Accrochant follement aux herbes des haillons
D'argent; où le soleil, de la montagne fière,
Luit: c'est un petit val qui mousse de rayons.

Un soldat jeune, bouche ouverte, tête nue,
Et la nuque baignant dans le frais cresson bleu,
Dort; il est étendu dans l'herbe, sous la nue,
Pâle dans son lit vert où la lumière pleut.

Les pieds dans les glaïeuls, il dort. Souriant comme
Sourirait un enfant malade, il fait un somme:
Nature, berce-le chaudement: il a froid.

Les parfums ne font pas frissonner sa narine;
Il dort dans le soleil, la main sur sa poitrine
Tranquille. Il a deux trous rouges au côté droit.

Rimbaud, Ma Bohème

Je m'en allais, les poings dans mes poches crevées.
Mon paletot aussi devenait idéal.
J'allais sous le ciel, Muse, et j'étais ton féal:
Oh là là, que d'amours splendides j'ai rêvées!

Mon unique culotte avait un large trou.
Petit-Poucet rêveur, j'égrenais dans ma course
Des rimes. Mon auberge était à la Grande-Ourse.
Mes étoiles au ciel avaient un doux frou-frou.

Et je les écoutais, assis au bord des routes,
Les bons soirs de septembre où je sentais des gouttes
De rosée à mon front, comme un vin de vigueur;

Où, rimant au milieu des ombres fantastiques,
Comme des lyres, je tirais les élastiques
De mes souliers blessés, un pied près de mon coeur!

En 1871 Rimbaud juge ses poésies. Il se demande si elles répondent à son nouvel idéal, déjà formulé par Baudelaire: le poète doit chercher du nouveau, arriver à l'inconnu, bref, il doit être un *voyant*.

> "...*Je dis qu'il faut être voyant, se faire voyant. Le poète se fait voyant par un long, immense et raisonné dérèglement de tous les sens ... il devient entre tous le grand malade, le grand criminel, le grand maudit, — et le suprême savant! — car il arrive à l'inconnu! ... et quand affolé, il finirait par perdre l'intelligence de ses visions, il les a vues!*
> *Le poète devra faire sentir, palper, écouter ses inventions. Si ce qu'il rapporte de là-bas a forme, il donne forme; si c'est informe, il donne de l'informe.*"

La poésie suivante débute par l'évocation d'un paysage ardennais, puis une sorte d'hallucination le transforme en un paysage exotique.
Les derniers vers prennent une valeur symbolique. Le poète n'est pas allé au bout de sa recherche, il est resté au bord de l'inconnu.

Larme

Loin des oiseaux, des troupeaux, des villageoises,
Je buvais, accroupi dans quelque bruyère
Entouré de tendres bois de noisetiers,
Par un brouillard d'après-midi tiède et vert.

Que pouvais-je boire dans cette jeune Oise,
Ormeaux sans voix, gazon sans fleurs, ciel couvert.
Que tirais-je à la gourde de colocase?
Quelque liqueur d'or, fade et qui fait suer.

Tel, j'eusse été mauvaise enseigne d'auberge.
Puis l'orage changea le ciel, jusqu'au soir.
Ce furent des pays noirs, des lacs, des perches,
Des colonnades sous la nuit bleue, des gares.

L'eau des bois se perdait sur des sables vierges,
Le vent, du ciel, jetait des glaçons aux mares . . .
Or! tel qu'un pêcheur d'or ou de coquillages,
Dire que je n'ai pas eu souci de boire!

Questions:

1   Que savez-vous de l'art symboliste?
2   Parlez de la vie de Verlaine et de Rimbaud avant leur rencontre.
3   Que deviennent-ils après leur séparation?
4   Nommez quelques recueils de chacun.
5   Quelle est la fonction du poète selon Rimbaud?

25 Le théâtre
après le romantisme

Parmi les nombreuses oeuvres de la seconde moitié du XIXe siècle, peu nous intéressent encore aujourd'hui. Comme le roman, le théâtre s'attache à l'évocation de la société contemporaine. Mais à côté de ces pièces qui peignent des moeurs ou défendent des thèses, il y a le théâtre gai: les vaudevilles (pièces burlesques coupées de chansons) font rire le public du second Empire.

A l'époque naturaliste on s'efforce d'introduire le naturalisme au théâtre. Pendant quelque temps ces efforts sont couronnés de succès, grâce au *Théâtre Libre* d'Antoine dont la reproduction minutieuse des intérieurs est bien dans le goût du Naturalisme. Enfin le théâtre en vers n'a pas été entièrement abandonné depuis Victor Hugo. Ce théâtre néo-romantique connaît un regain de gloire vers la fin du XIXe siècle. *Cyrano de Bergerac* d'Edmond Rostand en est la plus brillante réussite.

Cyrano de Bergerac, 1897. L'action se passe au XVIIe siècle. Cyrano de Bergerac est un chevalier à l'âme ardente; mais une disgrâce physique (un nez démesurément long) le pousse à cacher son amour pour Roxane. Celle-ci cependant lui demande de protéger Christian qu'elle aime. Cyrano devient alors l'ami fidèle de son rival. Il lui souffle même des mots d'amour et lui dicte ses lettres pour Roxane.

Mais Christian est tué dans une bataille. Après sa mort Cyrano vient voir Roxane chaque jour au couvent où elle s'est retirée. Peu avant qu'il ne meure, Roxane découvre son secret. Alors elle comprend qu'elle a aimé l'âme de Cyrano sous le visage de Christian.

Roxane découvre le secret de Cyrano

Cyrano	(*lisant la dernière lettre de Christian à Roxane*)
	Roxane, adieu, je vais mourir!
Roxane	(*s'arrêtant étonnée*)
	Tout haut?

Cyrano	(*lisant*) C'est pour ce soir, je crois, ma bien-aimée!
	J'ai l'âme lourde encore d'amour inexprimée,
	Et je meurs! jamais plus, jamais mes yeux grisés,
	Mes regards dont c'était ...
Roxane	Comme vous la lisez,
	Sa lettre!
Cyrano	(*continuant*) ... dont c'était les frémissantes fêtes,
	Ne baiseront au vol les gestes que vous faites;
	J'en revois un petit qui vous est familier
	Pour toucher votre front, et je voudrais crier ...
Roxane	(*troublée*)
	Comme vous la lisez, — cette lettre!
	(*La nuit vient insensiblement.*)
Cyrano	Et je crie:
	Adieu! ...
Roxane	Vous la lisez ...
Cyrano	Ma chère, ma chérie,
	Mon trésor ...
Roxane	(*rêveuse*) D'une voix ...
Cyrano	Mon amour! ...
Roxane	D'une voix ...
	Mais ... que je n'entends pas pour la première fois!
	(*Elle s'approche tout doucement sans qu'il s'en aper-*
	çoive, passe derrière le fauteuil, se penche sans bruit,
	regarde la lettre. L'ombre augmente.)
Cyrano	Mon coeur ne vous quitta jamais une seconde,
	Et je suis et serai jusque dans l'autre monde
	Celui qui vous aima sans mesure, celui ...
Roxane	(*lui posant la main sur l'épaule*)
	Comment pouvez-vous lire à présent? Il fait nuit.
	(*Il tressaille, se retourne, la voit là tout près, fait un*
	geste d'effroi, baisse la tête. Un long silence. Puis,
	dans l'ombre complètement venue, elle dit avec len-
	teur, joignant les mains:)
	Et pendant quatorze ans, il a joué ce rôle
	D'être le vieil ami qui vient pour être drôle!
Cyrano	Roxane!
Roxane	C'était vous.
Cyrano	Non, non, Roxane, non!
Roxane	J'aurais dû deviner quand il disait mon nom!
Cyrano	Non! ce n'était pas moi!
Roxane	C'était vous.
Cyrano	Je vous jure ...
Roxane	J'aperçois toute la généreuse imposture:

	Les lettres, c'était vous...
Cyrano	Non!
Roxane	Les mots chers et fous

C'était vous...

Cyrano	Non!
Roxane	La voix dans la nuit, c'était vous!
Cyrano	Je vous jure que non!
Roxane	L'âme, c'était la vôtre!
Cyrano	Je ne vous aimais pas.
Roxane	Vous m'aimiez!
Cyrano	C'était l'autre!
Roxane	Vous m'aimiez!
Cyrano	(*d'une voix qui faiblit*)

Non!

Roxane	Déjà vous le dites plus bas!
Cyrano	Non, non, mon cher amour, je ne vous aimais pas!
Roxane	Ah! que de choses qui sont mortes... qui sont nées!

Pourquoi vous être tu pendant quatorze années,
Puisque sur cette lettre où, lui, n'était pour rien,
Ces pleurs étaient de vous?

Cyrano	Ce sang était le sien.
Roxane	Alors pourquoi laisser ce sublime silence

Se briser aujourd'hui?

Cyrano	Pourquoi?...

(*Le Bret et Ragueneau entrent en courant.*)

Le Bret	Quelle imprudence!

Ah! j'en étais bien sûr! il est là!

Cyrano	(*souriant et se redressant*) Tiens, parbleu!
Le Bret	Il s'est tué, Madame, en se levant!
Roxane	Grand Dieu!

Mais tout à l'heure alors... cette faiblesse?.

cette?...

Cyrano	C'est vrai! je n'avais pas terminé ma gazette:

...Et samedi, vingt-six, une heure avant dîné,
Monsieur de Bergerac est mort assassiné.

(*Il se découvre: on voit sa tête entourée de linges.*)

Roxane	Que dit-il? — Cyrano! — Sa tête enveloppée!...

Ah! que vous a-t-on fait? Pourquoi?

Cyrano	D'un coup d'épée,

Frappé par un héros, tomber la pointe au coeur!..
— Oui, je disais cela!... Le destin est railleur!...
Et voilà que je suis tué dans une embûche,
Par derrière, par un laquais, d'un coup de bûche!
C'est très bien. J'aurai tout manqué, même ma mort.

Ragueneau	Ah! Monsieur!...
Cyrano	Ragueneau, ne pleure pas si fort!...

(Il lui tend la main.)
Qu'est-ce que tu deviens, maintenant, mon confrère?

Ragueneau	*(à travers ses larmes)*

Je suis moucheur de ... de ... chandelles, chez Molière.

Cyrano	Molière!
Ragueneau	Mais je veux le quitter, dès demain;

Oui, je suis indigné!... Hier, on jouait Scapin,
Et j'ai vu qu'il vous a pris une scène!

Le Bret	Entière!
Ragueneau	Oui, Monsieur, le fameux "Que diable allait-il faire?"
Le Bret	*(furieux)*

Molière te l'a pris!

Cyrano	Chut! chut! il a bien fait!...

La scène, n'est-ce pas, produit beaucoup d'effet?

Ragueneau	*(sanglotant)*

Ah! Monsieur, on riait! on riait!

Cyrano	Oui, ma vie

Ce fut d'être celui qui souffle, — et qu'on oublie!

Questions:

1 Quels genres dramatiques distingue-t-on à cette époque?
2 Quelle troupe joue des pièces naturalistes?
3 Parlez de Cyrano.
4 Comment Roxane peut-elle découvrir le secret de Cyrano?
5 Pourquoi Cyrano brise-t-il le silence aujourd'hui?
6 Qu'est-ce qui est arrivé?
7 Comment aurait-il cru mourir?
8 Dans *Les Fourberies de Scapin* Molière a emprunté une scène à Cyrano.
   Mais à quoi est-ce que le vers "Celui qui souffle... se rapporte surtout?

26   André Gide

(1869—1951)

Vie et Oeuvre. Dans *Si le Grain ne meurt* (1926) Gide évoque avec sincérité sa jeunesse jusqu'à la mort de sa mère en 1895. C'est un enfant nerveux qui est élevé dans un climat de dévotion austère, mais qui commence à s'émanciper vers l'âge de vingt-quatre ans. A cette époque Gide fait un voyage en Afrique du Nord où il tombe malade. Guéri, il découvre sa vraie personnalité et retrouve la joie de vivre.

On s'en rend compte en lisant *Les Nourritures Terrestres* (1897) et le récit semi-autobiographique de *L'Immoraliste* (1902). Dans les Nourritures Terrestres l'auteur s'adresse à un jeune homme imaginaire à qui il propose de se libérer de tous ses liens et de s'ouvrir à tout ce qui se présente de nouveau, bref à être *"disponible"*. Cette oeuvre qui passe d'abord presque inaperçue aura plus tard une influence considérable sur la nouvelle génération, car la grande renommée de Gide date des années 1920. Mais, en même temps, l'aveu de son homosexualité suscite une véritable polémique. Gide a beaucoup voyagé: au Congo, en U.R.S.S. Après ce dernier voyage il renonce au communisme auquel il avait quelque temps adhéré.

Pendant la dernière guerre il séjourne sur la Côte d'Azur, puis en Afrique. Il meurt en 1951.

Citons encore parmi ses nombreux ouvrages: *La Symphonie Pastorale* (1919), *Les Faux Monnayeurs* (1925), *Thésée* (1947).

Les Faux Monnayeurs, 1925. L'intrigue de ce roman est très compliquée. Les personnages principaux sont Bernard qui, au début du livre, quitte sa famille, son ami Olivier et l'oncle de celui-ci, le romancier Edouard. Bernard devient le secrétaire d'Edouard, de son côté Olivier se lie avec l'écrivain corrompu Passavant. Edouard finit par arracher son neveu à l'influence de Passavant, tandis que Bernard retourne dans sa famille.

Quoiqu'il soit question d'une affaire de fausse-monnaie, les Faux-Monnayeurs sont surtout ceux qui vivent dans le mensonge; ainsi le père d'Olivier qui joue le rôle d'un mari parfait malgré sa liaison de longue date avec une danseuse.

Dans le fragment qui suit, Olivier, sous l'influence de Passavant, tâche d'éblouir son ami en disant un mot qui n'est pas de lui. Il "joue un personnage".

Les Nourritures Terrestres

— A dix-huit ans, quand j'eus fini mes premières études, l'esprit las de travail, le coeur inoccupé, languissant de l'être, le corps exaspéré par la contrainte, je partis sur les routes, sans but, usant ma fièvre vagabonde. Je connus tout ce que vous savez: le printemps, l'odeur de la terre, la floraison des herbes dans les champs, les brumes du matin sur la rivière, et la vapeur du soir sur les prairies. Je traversai des villes, et ne voulus m'arrêter nulle part. Heureux, pensais-je, qui ne s'attache à rien sur la terre et promène une éternelle faveur à travers les constantes mobilités. Je haïssais les foyers, les familles, tous lieux où l'homme pense trouver un repos; et les affections continues, et les fidélités amoureuses, et les attachements aux idées — tout ce qui compromet la justice; je disais que chaque nouveauté doit nous trouver tout entiers disponibles.

La composition de Bernard

Olivier, de retour à Paris depuis la veille, s'était levé tout reposé. L'air était chaud, le ciel pur. Quand il sortit, rasé de frais, douché, élégamment vêtu, conscient de sa force, de sa jeunesse, de sa beauté, Passavant sommeillait encore.

Olivier se hâte vers la Sorbonne. C'est ce matin que Bernard doit passer l'écrit. Comment Olivier le sait-il? Mais-peut être ne le sait-il pas. Il va se renseigner. Il se hâte. Il n'a pas revu son ami depuis cette nuit que Bernard est venu chercher refuge dans sa chambre. Quels changements depuis! Qui dira s'il n'est pas encore plus pressé de se montrer à lui que de le revoir?

Fâcheux que Bernard soit si peu sensible à l'élégance! Mais c'est un goût qui parfois vient avec l'aisance. Olivier en a fait l'épreuve, grâce au comte de Passavant.

C'est l'écrit que Bernard passe ce matin. Il ne sortira qu'à midi. Olivier l'attend dans la cour. Il reconnaît quelques camarades, serre des mains, puis s'écarte. Il est un peu gêné par sa mise. Il le devient plus encore lorsque Bernard, enfin délivré, s'avance dans la cour et s'écrie, en lui tendant la main:

— Qu'il est beau!

Olivier, qui croyait ne plus jamais rougir, rougit. Comment ne pas voir dans ces mots, malgré leur ton très cordial, de l'ironie. Bernard, lui, porte le même costume encore, qu'il avait le soir de sa fuite. Il ne s'attendait pas à trouver Olivier. Tout en le questionnant, il l'entraîne. La joie qu'il a de le revoir est subite. S'il a d'abord un peu souri devant le raffinement de sa mise, c'est sans malice aucune; il a bon coeur; il est sans fiel.

— Tu déjeunes avec moi, hein? Oui, je dois rappliquer à une heure et demie pour le latin. Ce matin, c'était le français.

— Content?

— Moi, oui. Mais je ne sais pas si ce que j'ai pondu sera du goût des examinateurs. Il s'agissait de donner son avis sur quatre vers de La Fontaine:

Papillon du Parnasse, et semblable aux abeilles
A qui le bon Platon compare nos merveilles,
Je suis chose légère et vole à tout sujet,
Je vais de fleur en fleur et d'objet en objet.

Dis un peu, qu'est-ce que tu aurais fait avec ça?

Olivier ne peut résister au désir de briller:

— J'aurais dit qu'en se peignant lui-même, La Fontaine avait fait le portrait de l'artiste, de celui qui consent à ne prendre du monde que l'extérieur, que la surface, que la fleur. Puis j'aurais posé en regard un portrait du savant, du chercheur, de celui qui creuse, et montré enfin que, pendant que le savant cherche, l'artiste trouve; que celui qui creuse s'enfonce, et que qui s'enfonce s'aveugle; que la vérité, c'est l'apparence; que le mystère, c'est la forme, et que ce que l'homme a de plus profond, c'est sa peau.

Cette dernière phrase, Olivier la tenait de Passavant, qui lui-même l'avait cueillie sur les lèvres de Paul-Ambroise, un jour que celui-ci discourait dans un salon. Tout ce qui n'était pas imprimé était pour Passavant de bonne prise; ce qu'il appelait "les idées dans l'air", c'est-à-dire: celles d'autrui.

Un je ne sais quoi dans le ton d'Olivier avertit Bernard que cette phrase n'était pas de lui. La voix d'Olivier s'y trouvait gênée. Bernard fut sur le point de demander: "C'est de qui?"; mais, outre qu'il ne voulait pas désobliger son ami, il redoutait d'avoir à entendre le nom de Passavant, que l'autre jusqu'à présent n'avait eu garde de prononcer. Bernard se contenta de regarder son ami avec une curieuse insistance; et Olivier, pour la seconde fois, rougit. La surprise qu'avait Bernard d'entendre le sentimental Olivier exprimer des idées parfaitement différentes de celles qu'il lui connaissait, fit place presque aussitôt à une indignation violente; quelque chose de subit et de surprenant, d'irrésistible comme un cyclone. Et ce n'était pas précisément contre ces idées qu'il s'indignait, encore qu'elles lui parussent absurdes. Et même elles n'étaient peut-être pas, après tout, si absurdes que cela. Sur son cahier des opinions contradictoires, il les pourrait coucher en regard des siennes propres. Eussent-elles été authentiquement les idées d'Olivier, il ne se serait indigné ni contre lui, ni contre elles; mais il sentait quelqu'un de caché derrière; c'est contre Passavant qu'il s'indignait.

— Avec de pareilles idées, on empoisonne la France, s'écria-t-il d'une voix sourde, mais véhémente. Il le prenait de très haut, désireux de survoler Passavant. Et ce qu'il dit le surprit lui-même, comme si sa phrase avait précédé sa pensée; et pourtant c'était cette pensée même qu'il avait développée ce matin dans son devoir; mais, par une sorte de pudeur, il lui répugnait, dans son langage, et particulièrement en causant avec Olivier, de faire montre de ce qu'il appelait "les grands sentiments".

Aussitôt exprimés, ceux-ci lui paraissaient moins sincères. Olivier n'avait donc jamais entendu son ami parler des intérêts de "La France"; ce fut son tour d'être surpris. Il ouvrait de grands yeux et ne songeait même plus à sourire. Il ne reconnaissait plus son Bernard. Il répéta stupidement:

— La France?... Puis, dégageant sa responsabilité, car Bernard décidément ne plaisantait pas: — Mais, mon vieux, ce n'est pas moi qui pense ainsi; c'est La Fontaine.

Bernard devint presque agressif:

— Parbleu! s'écria-t-il, je sais parbleu bien que ce n'est pas toi qui penses ainsi. Mais, mon vieux, ce n'est pas non plus La Fontaine. S'il n'avait eu pour lui que cette légèreté, dont du reste, à la fin de sa vie, il se repent et s'excuse, il n'aurait jamais été l'artiste que nous admirons. C'est précisément ce que j'ai dit dans ma dissertation de ce matin, et fait valoir à grand renfort de citations, car tu sais que j'ai une mémoire assez bonne. Mais, quittant bientôt La Fontaine, et retenant l'autorisation que certains esprits superficiels pourraient penser trouver dans ses vers, je me suis payé une tirade contre l'esprit d'insouciance, de blague, d'ironie; ce qu'on appelle enfin "l'esprit français", qui nous vaut parfois à l'étranger une réputation si déplorable. J'ai dit qu'il fallait y voir, non pas même le sourire, mais la grimace de la France; que le véritable esprit de la France était un esprit d'examen, de logique, d'amour et de pénétration patiente; et que, si cet esprit-là n'avait pas animé La Fontaine, il aurait peut-être bien écrit ses contes, mais jamais ses fables, ni cette admirable épître (j'ai montré que je la connaissais) dont sont extraits les quelques vers qu'on nous donnait à commenter. Oui, mon vieux, une charge à fond, qui va peut-être me faire recaler. Mais je m'en fous; j'avais besoin de dire ça.

Olivier ne tenait pas particulièrement à ce qu'il venait d'exprimer tout à l'heure. Il avait cédé au besoin de briller, et de citer, comme négligemment, une phrase qu'il estimait de nature à épater son ami. Si mainte-

nant celui-ci le prenait sur ce ton, il ne lui restait plus qu'à battre en retraite. Sa grande faiblesse venait de ceci qu'il avait beaucoup plus besoin de l'affection de Bernard, que celui-ci n'avait besoin de la sienne. La déclaration de Bernard l'humiliait, le mortifiait. Il s'en voulait d'avoir parlé trop vite. A présent, il était trop tard pour se reprendre, emboîter le pas, comme il eût fait certainement s'il avait laissé Bernard parler le premier. Mais comment eût-il pu prévoir que Bernard, qu'il avait laissé si frondeur, allait se poser en défenseur de sentiments et d'idées que Passavant lui apprenait à ne considérer point sans sourire? Sourire, il n'en avait vraiment plus envie; il avait honte. Et ne pouvant ni se rétracter, ni s'élever contre Bernard dont l'authentique émotion lui imposait, il ne cherchait plus qu'à se protéger, qu'à se soustraire:
— Enfin, si c'est cela que tu m'as mis dans ta compote, ça n'est pas contre moi que tu le disais . . . J'aime mieux ça. Il s'exprimait comme quelqu'un de vexé, et pas du tout sur le ton qu'il eût voulu.

Questions:

1 Dans quel livre Gide évoque-t-il sa jeunesse?
2 Quelle est l'importance de son voyage en Afrique?
3 Quel roman raconte ce séjour?
4 Parlez des *Nourritures terrestres*.
5 Nommez quelques autres ouvrages de Gide.
6 Qui sont les véritables faux-monnayeurs?
7 Quel est le sujet de la composition de Bernard? .
8 Quelle est la phrase qu'Olivier tient de Passavant?
9 Pourquoi est-ce que Bernard s'indigne contre les idées d'Olivier?
10 Qu'est-ce qu'il dit de la légèreté de La Fontaine?
11 Quelle est la réaction d'Olivier?

27   Marcel Proust

(1871—1922)

Vie. Malgré sa mauvaise santé et ses crises d'asthme, Proust fait d'excellentes études secondaires. Puis, pendant plusieurs années il mène une vie d'oisif dans les salons mondains où il recueille les matériaux de son oeuvre future. Après la mort de sa mère, en 1905, il se retire entre les murs ouatés de sa chambre. Il commence à composer *A la Recherche du Temps perdu*. Le premier volume paraît en 1913, à frais d'auteur, le deuxième obtient le prix Goncourt 1919. Les derniers volumes paraissent après sa mort.

Oeuvre. Le sujet des quinze volumes d'*A la Recherche du Temps perdu* (1913—1928) est l'évocation de la jeunesse heureuse et de la vie mondaine du narrateur. Nous y retrouvons de nombreux personnages que Proust a rencontrés dans son enfance ou dans les salons.

Mais l'oeuvre de Proust n'est pas seulement une chronique de la vie mondaine, elle pose surtout le problème du Temps. Proust constate que rien n'échappe à l'action destructrice du Temps et que par conséquent, la vie n'est qu'un "temps perdu", c'est-à-dire un temps qui a sombré dans l'oubli:

"Un nom, c'est tout ce qui reste bien souvent pour nous d'un être, non pas même quand il est mort, mais de son vivant."

Alors l'auteur se demande avec angoisse comment on peut résister à l'influence du Temps.

Par la mémoire instinctive il ressuscite le passé: La saveur d'une madeleine trempée dans une tasse de thé ressuscite une sensation que le narrateur a éprouvée autrefois. En même temps toute une partie de son enfance résurgit de l'oubli.

Selon Proust il n'y a qu'un moyen de sauver ce passé: c'est l'oeuvre d'art. Elle seule permet de fixer la vie et de retrouver ainsi le "Temps perdu".

Résurrection du séjour à Venise

En roulant les tristes pensées que je disais il y a un instant, j'étais entré dans la cour de l'hôtel de Guermantes, et dans ma distraction je n'avais pas vu une voiture qui s'avançait; au cri du wattman je n'eus que le temps de me ranger vivement de côté, et je reculai assez pour buter malgré moi contre les pavés assez mal équarris derrière lesquels était une remise. Mais au moment où, me remettant d'aplomb, je posai mon pied sur un pavé qui était un peu moins élevé que le précédent, tout mon découragement s'évanouit devant la même félicité qu'à diverses époques de ma vie m'avaient donnée la vue d'arbres que j'avais cru reconnaître dans une promenade autour de Balbec, la vue des clochers de Martinville, la saveur d'une madeleine trempée dans une infusion, tant d'autres sensations dont j'ai parlé.

Comme au moment où je goûtais la madeleine, toute inquiétude sur l'avenir, tout doute intellectuel étaient dissipés. Ceux qui m'assaillaient tout à l'heure au sujet de la réalité de mes dons littéraires, et même de la littérature, se trouvaient levés comme par enchantement.

Sans que j'eusse fait aucun raisonnement nouveau, trouvé aucun argument décisif, les difficultés, insolubles tout à l'heure, avaient perdu toute importance. Mais cette fois, j'étais bien décidé à ne pas me résigner à ignorer pourquoi, comme je l'avais fait le jour où j'avais goûté d'une madeleine trempée dans une infusion. La félicité que je venais d'éprouver était bien en effet la même que celle que j'avais éprouvée en mangeant la madeleine et dont j'avais alors ajourné de rechercher les causes profondes. La différence, purement matérielle, était dans les images évoquées; un azur profond enivrait mes yeux, des impressions de fraîcheur, d'éblouissante lumière tournoyaient près de moi et, dans mon désir de les saisir, sans oser plus bouger que quand je goûtais la saveur de la madeleine en tâchant de faire parvenir jusqu'à moi ce qu'elle me rappelait, je restais, quitte à faire rire la foule innombrable des wattmen, à tituber comme j'avais fait tout à l'heure, un pied sur le pavé plus élevé, l'autre pied sur le pavé plus bas. Chaque fois que je refaisais rien que matériellement ce même pas, il me restait inutile; mais si je réussissais, oubliant la matinée Guermantes, à retrouver ce que j'avais senti en posant ainsi mes pieds, de nouveau la vision éblouissante et indistincte me frôlait comme si elle m'avait dit: "Saisis-moi au passage si tu en as la force, et tâche à résoudre l'énigme de bonheur que je te propose."

Et presque tout de suite, je la reconnus, c'était Venise, dont mes efforts pour la décrire et les prétendus instantanés pris par ma mémoire ne m'avaient jamais rien dit, et que la sensation que j'avais ressentie jadis sur deux dalles inégales du baptistère de Saint-Marc m'avait rendue avec toutes les autres sensations jointes ce jour-là à cette sensationlà et qui étaient restées dans l'attente, à leur rang, d'où un brusque hasard les avait impérieusement fait sortir, dans la série des jours oubliés.

Questions:

1   Que savez-vous de la vie de Proust?
2   Quel est le titre de son oeuvre principale?
3   Que signifie ici "temps perdu"?
4   Quelle est l'influence du temps?
5   Comment Proust réussit-il à ressusciter le temps?
6   Qu'est-ce qui peut sauver ce passé de l'oubli?
7   Quel est l'état d'esprit de l'auteur au début du fragment?
8   Quel mouvement évoque Venise?
9   Pourquoi?

28 Guillaume Apollinaire
(1880—1918)
Surréalisme

Guillaume Apollinaire passe sa jeunesse sur la Côte d'Azur. Arrivé à Paris il se lie avec des poètes et des peintres et participe à tous les mouvements d'avant-garde.

Avec Picasso il élabore l'esthétique du Cubisme qu'il tâche d'appliquer à la poésie dans *Zone.* Le cubiste a un mépris des dimensions réelles: il prend les aspects les plus significatifs des objets et les regroupe. Ainsi Apollinaire juxtapose des éléments disparates et donne, dans cette poésie, une évocation simultanée de l'espace et de la durée.

Zone est la première poésie de son recueil *Alcools,* qu'il publie en 1913. Il y parle de l'amour, de la fuite du temps "la source même de ma poésie" et de la mort.

Quand la guerre éclate, le poète s'engage. Sa vie de combattant lui inspire de nombreuses poésies des *Calligrammes* (1918).

Grièvement blessé à la tête, il doit rentrer à Paris où il meurt en 1918 pendant l'épidémie de grippe.

Apollinaire est un novateur. Il n'hésite pas à faire des poésies de bribes de conversation qu'il a entendues au café. Il supprime la ponctuation et crée une typographie destinée à suggérer le thème de la poésie (un jet d'eau, la plume). Il peut être considéré comme le précurseur du Surréalisme.
"Profondeur de la conscience
On vous explorera demain…"

Zone (fragments)

…
Maintenant tu marches dans Paris tout seul parmi la foule
Des troupeaux d'autobus mugissants près de toi roulent
L'angoisse de l'amour te serre le gosier
Comme si tu ne devais jamais plus être aimé
Si tu vivais dans l'ancien temps tu entrerais dans un monastère

Vous avez honte quand vous vous surprenez à dire une prière
Tu te moques de toi et comme le feu de l'Enfer ton rire pétille
Les étincelles de ton rire dorent le fond de ta vie
C'est un tableau pendu dans un sombre musée
Et quelquefois tu vas le regarder de près

…
Te voici à Coblence à l'hôtel du Géant
Te voici à Rome assis sous un néflier du Japon
Te voici à Amsterdam avec une jeune fille que tu trouves belle et qui
    est laide
Elle doit se marier avec un étudiant de Leyde
On y loue des chambres en latin Cubicula locanda
Je m'en souviens j'y ai passé trois jours et autant à Gouda

Tu es à Paris chez le juge d'instruction
Comme un criminel on te met en état d'arrestation

Tu as fait de douleureux et de joyeux voyages
Avant de t'apercevoir du mensonge et de l'âge
Tu as souffert de l'amour à vingt et à trente ans
J'ai vécu comme un fou et j'ai perdu mon temps
Tu n'oses plus regarder tes mains et à tous moments je voudrais sang-
    loter
Sur toi sur celle que j'aime sur tout ce qui t'a épouvanté
……

Cors de chasse

Notre histoire est noble et tragique
Comme le masque d'un tyran
Nul drame hasardeux ou magique
Aucun détail indifférent
Ne rend notre amour pathétique

Et Thomas de Quincey buvant
L'opium poison doux et chaste
A sa pauvre Anne allait rêvant
Passons passons puisque tout passe
Je me retournerai souvent

Les souvenirs sont cors de chasse
Dont meurt le bruit parmi le vent

Surréalisme. Après avoir adhéré au dadaisme, qui est un mouvement de révolte totale, *Breton,* tout imprégné des théories de Freud, forme avec quelques autres, comme *Aragon* et *Eluard,* le mouvement surréaliste. Ce n'est pas un mouvement purement littéraire, il influence aussi la peinture et la sculpture.

Le manifeste du Surréalisme paraît en 1924. Les artistes trouvent un terrain nouveau dans l'exploration du subconscient. En employant l'écriture automatique et le compte rendu du rêve, ils veulent arriver à la connaissance d'une réalité supérieure à celle que permet l'intelligence, d'une "sur-réalité". La poésie surréaliste est souvent obscure. Et le lecteur ne réussit pas toujours à trouver une cohérence entre les images qui sont nées spontanément et écrites sans le contrôle de la raison.

Quoiqu'Aragon et Eluard aient évolué vers le marxisme et une poésie engagée, le surréalisme continue à inspirer les poètes; parmi eux *Jacques Prévert,* le poète de la réalité quotidienne, a la plus large audience (*Paroles,* 1947).

Eluard, Le jeu de construction

L'homme s'enfuit, le cheval tombe,
La porte ne peut pas s'ouvrir,
L'oiseau se tait, creusez sa tombe,
Le silence le fait mourir.

Un papillon sur une branche
Attend patiemment l'hiver,
Son coeur est lourd, la branche penche,
La branche se plie comme un ver.

Pourquoi pleurer la fleur séchée
Et pourquoi pleurer les lilas?
Pourquoi pleurer la rose d'ambre?

Pourqoui pleurer la pensée tendre?
Pourquoi chercher la fleur cachée
Si l'on n'a pas de récompense?

— Mais pour ça, ça et ça.   1926

Eluard, Avis

La nuit qui précéda sa mort
Fut la plus courte de sa vie
L'idée qu'il existait encore
Lui brûlait le sang aux poignets
Le poids de son corps l'écoeurait
Sa force le faisait gémir

C'est tout au fond de cette horreur
Qu'il a commencé à sourire
Il n'avait pas UN camarade
Mais des millions et des millions
Pour le venger il le savait
Et le jour se leva pour lui. 1944

Prévert, Le cancre

Il dit non avec la tête
mais il dit oui avec le coeur
il dit oui à ce qu'il aime
il dit non au professeur
il est debout
on le questionne
et tous les problèmes sont posés
soudain le fou rire le prend
et il efface tout
les chiffres et les mots
les dates et les noms
les phrases et les pièges
et malgré les menaces du maître
sous les huées des enfants prodiges
avec des craies de toutes les couleurs
sur le tableau noir du malheur
il dessine le visage du bonheur.

Prévert, Quartier libre

J'ai mis mon képi dans la cage
et je suis sorti avec l'oiseau sur la tête
Alors
on ne salue plus
a demandé le commandant
Non
on ne salue plus
a répondu l'oiseau
Ah bon
excusez-moi je croyais qu'on saluait
a dit le commandant
Vous êtes tout excusé tout le monde peut se tromper
a dit l'oiseau. (Paroles, 1947)

En marge du Surréalisme il faut citer *Jean Cocteau* (1889—1963) qui, en 1920, se place au premier rang de l'avant-garde.

C'est un véritable touche-à-tout, puisqu'il ne pratique pas seulement tous les genres littéraires, mais se consacre aussi au ballet, au cinéma, au dessin. Citons parmi ses ouvrages la pièce *La Machine infernale* (1932), adaptation du mythe d'Oedipe, et le roman *Les Enfants terribles* (1929)

Cocteau, Le poète de trente ans

Me voici maintenant au milieu de mon âge
Je me tiens à cheval sur ma belle maison;
Des deux côtés je vois le même paysage,
Mais il n'est pas vêtu de la même saison.

Ici la terre rouge est de vigne encornée
Comme un jeune chevreuil. Le linge suspendu,
De rires, de signaux, accueille la journée;
Là se montre l'hiver et l'honneur qui m'est dû.

Je veux bien, tu me dis encore que tu m'aimes,
Vénus. Si je n'avais pourtant parlé de toi,
Si ma maison n'était faite avec mes poèmes,
Je sentirais le vide et tomberais du toit.

Cocteau, Plain-chant

Mauvaise compagne, espèce de morte,
De quels corridors,
De quels corridors pousses-tu la porte?
Dès que tu t'endors?

Je te vois quitter ta figure close,
Bien fermée à clé,
Ne laissant ici plus la moindre chose,
Que ton chef bouclé.

Je baise ta joue et serre tes membres,
Mais tu sors de toi,
Sans faire de bruit, comme d'une chambre
On sort par le toit.

Questions:

1 Quel mouvement de peinture a inspiré *Zone?*
2 Quels thèmes découvre-t-on dans *Alcools?*
3 Quelles sont les innovations d'Apollinaire?
4 Quel psychologue a influencé le Surréalisme?
5 Que veulent les Surréalistes?
6 Nommez quelques auteurs.

29   Roger Martin du Gard

(1881—1958)

Vie et Oeuvre. Après ses études secondaires Roger Martin du Gard fréquente l'Ecole des Chartes. Cette formation lui apprend l'importance des méthodes scientifiques et lui donne le goût de la documentation.
Après avoir écrit plusieurs romans, il entreprend un grand roman cyclique, *Les Thibault* (1922—1940). Sept volumes ont paru quand un accident d'auto interrompt la publication. A l'hôpital l'auteur réfléchit sur son oeuvre et se décide à en changer le caractère. Alors, avec la septième partie, le roman de famille devient un roman de guerre (*Eté 14*). La dernière partie paraît au début de la guerre.

Les Thibault, 1922—1940. Oscar Thibault est un grand bourgeois autoritaire dont le catholicisme est très orthodoxe.
Ses deux fils Antoine et Jacques ne croient plus en Dieu, mais ils ont une foi ardente dans la vie. Antoine, absorbé par sa profession de médecin, a mis toute sa confiance dans la science. Jacques est tenté par la révolte. Au début du roman il est déjà en révolte contre son milieu, à la veille de la guerre il lutte passionnément pour la sauvegarde de la paix.
Il meurt peu de temps après avoir jeté d'un avion des tracts pacifistes au-dessus des combattants, tandis que son frère aîné, atteint par les gaz, finit par se donner la mort peu après l'armistice.
Dans le fragment suivant, pris dans *Eté 14,* Jacques est allé à Berlin sous le nom d'Eberlé, pour y recevoir des documents allemands.

La serviette du Colonel

La menace des manifestations prévues pour la soirée n'avait pas empêché le ministre de la Guerre de poursuivre jusqu'au bout le long, dernier et décisif entretien qu'il avait voulu avoir avec l'émissaire officieux de l'état-major autrichien, le colonel comte Stolbach von Blumenfeld.

L'audience se termina vers neuf heures et quart, dans une atmosphère particulièrement cordiale. Son Excellence eut même l'amabilité d'accompagner son visiteur jusque sur le palier du grand escalier d'honneur. Là, en présence des huissiers en faction et de l'officier d'ordonnance, le ministre tendit la main au colonel, qui s'inclina pour la serrer. Les deux hommes étaient en civil. Leurs visages étaient fatigués et graves. Ils échangèrent un regard plein de sous-entendus. Puis, le colonel, sa lourde serviette jaune sous le bras, et précédé par l'officier d'ordonnance, s'engagea sur les larges degrés recouverts de tapis rouge. Au bas des marches, il se retourna. Son Excellence avait poussé la bonne grâce jusqu'à le suivre des yeux, pour lui faire un dernier signe amical. Dans la cour, une auto du ministère attendait. Tandis que Stolbach allumait un cigare, et s'installait au fond de la voiture, l'officier d'ordonnance, se penchant vers le chauffeur, lui indiqua l'itinéraire à suivre pour éviter les manifestations, et ramener sans incident le colonel à l'hôtel du Kurfürstendamm, où il était descendu.

La nuit était chaude. Il avait plu: mais cette brève et violente averse, loin de rafraîchir l'atmosphère, avait laissé dans les rues une buée d'étuve. En prévision des troubles, les lumières des magasins étaient éteintes, et, bien qu'il ne fût pas dix heures, Berlin offrait déjà cet aspect solennel et sombre qu'il ne prenait d'ordinaire qu'aux dernières heures de la nuit. Le regard du colonel errait distraitement sur les vastes perspectives de la capitale.

Il songeait avec satisfaction aux résultats pratiques de son voyage et au rapport qu'il présenterait, le lendemain, à Vienne, au général von Hötzendorf. En s'asseyant, il avait machinalement posé sa serviette à côte de lui. Il s'en aperçut, et la reprit, pour la garder sur ses genoux. C'était une belle serviette neuve, en cuir fauve, avec un fermoir nickelé; un modèle courant, mais cossu, et tout à fait digne de franchir le seuil d'un cabinet ministériel; il l'avait achetée chez un maroquinier du Kurfürstendamm, pour les besoins de la mission, en arrivant à Berlin.

Lorsque l'auto stoppa devant l'hôtel, le portier se précipita au-devant du colonel et le conduisit, avec des salutations, jusqu'à l'entrée du hall. Stolbach s'arrêta devant le bureau, pour donner l'ordre qu'on lui apportât un lunch léger et qu'on lui preparât sa note, car il désirait prendre le rapide de nuit. Puis, à pas rapides malgré sa corpulence, il gagna l'ascenseur et se fit monter au premier.

Dans l'immense couloir, éclairé et désert, un garçon de service était assis, sur une banquette, à la porte de l'office. Stolbach ne le connaissait pas; ce devait être un remplaçant du valet de l'étage. L'homme se leva aussitôt et, devançant le colonel, lui ouvrit la porte de son appartement; il tourna le commutateur et baissa le store de bois. La chambre était une pièce à deux fenêtres, haute de plafond, tapissée d'un papier noir à dessins d'or; elle communiquait avec un cabinet de toilette en céramique bleutée.

— Monsieur le Colonel n'a besoin de rien?

— Non. Ma valise est faite. Je voudrais seulement prendre un bain.

— Monsieur le Colonel part ce soir?

— Oui.

Le valet de chambre avait glissé un regard indifférent vers la serviette que le colonel, en entrant, avait posée près de la porte, sur une chaise. Puis, tandis que Stolbach jetait son chapeau sur le lit et passait son mouchoir sur sa nuque glabre où perlait la sueur, le garçon entra dans le cabinet de toilette et fit couler l'eau. Lorsqu'il revint dans la chambre, l'envoyé extraordinaire du chef d'état-major autrichien était en caleçon de soie mauve et en chaussettes.

La valet ramassa les souliers poussiéreux qui gisaient sur le tapis.

— Je les rapporterai dans un instant, dit-il, en quittant la chambre. La salle de bains et l'office n'étaient séparés que par une mince cloison. Le valet de chambre, l'oreille au mur, guettant les bruits, tout en promenant un chiffon de laine sur les chaussures. Il sourit en entendant le corps pesant du colonel plonger tumultueusement dans l'eau. Alors, il sortit de son placard une belle serviette neuve, en cuir fauve, à fermoir nickelé, bourrée de vieux papiers; il l'enveloppa dans un journal, la mit sous son bras, et, prenant les souliers à la main, vint frapper à la chambre.

— Entrez! cria Stolbach.

Coup manqué, se dit aussitôt le domestique. En effet, le colonel avait laissé grande ouverte la porte de la salle de bains, et l'on apercevait, de la chambre, l'extrémité de la baignoire, d'où émergeait un crâne rose. Sans insister, le garçon posa les souliers à terre et sortit avec son paquet. Le colonel, enfoncé jusqu'au menton dans l'eau tiède, barbotait avec volupté, lorsque, tout à coup, la lumière s'éteignit. Chambre et cabinet de toilette se trouvèrent simultanément plongés dans les ténèbres. Stolbach patienta quelques minutes. Voyant qu'on tardait à rétablir le courant, il tâtonna le long du mur, trouva la sonnette et appuya rageusement sur le bouton.

La voix du valet s'éleva dans l'obscurité de la chambre:

— Monsieur le Colonel a sonné?

— Qu'est-ce qui se passe? Panne d'électricité dans l'hôtel?

— Non. L'office est éclairé... C'est sans doute le plomb de la chambre qui a sauté. Je vais réparer... Affaire d'un instant.

Une longue minute s'écoula.

— Eh bien?

— Que Monsieur le Colonel m'excuse... Je cherche le coupe-circuit. Je croyais qu'il était là, près de la porte... Le colonel dressait la tête hors de l'eau, et écarquillait les yeux vers la chambre noire, où il entendait le domestique fureter.

— Je ne trouve rien, reprit la voix, que Monsieur le Colonel m'excuse... Je vais regarder à l'extérieur. Le coupe-circuit est sans doute dans le couloir...

Le garçon sortit prestement de la chambre, courut à son office, déposa la serviette du colonel en lieu sûr, et se hâta de rendre le courant.

Trois quarts d'heure plus tard, quand le colonel comte Stolbach von Blumenfeld se fut soigneusement épongé, parfumé, habillé, qu'il eut bu son thé, mangé son jambon et ses fruits, allumé un cigare, il consulta sa montre, et, bien qu'il fût en avance — il n'aimait pas avoir à se presser — il téléphona au bureau pour qu'on vînt chercher sa valise.

— Non, ça je m'en charge moi-même, dit-il au bagagiste qui s'emparait déjà de la serviette jaune, posée près de la porte sur la chaise.

Il la lui prit des mains, vérifia d'un coup d'oeil si le fermoir était clos, la mit gravement sous son bras, et sortit de la chambre, après s'être assuré qu'il n'oubliait rien: il avait toujours eu beaucoup d'ordre.

Avant de quitter l'étage, il chercha le garçon pour lui donner un pourboire. Le couloir était désert. Il poussa la porte de l'office. La pièce était vide, l'homme introuvable.

— Tant pis pour cet imbécile, grommela le colonel. Et il s'en fut prendre le rapide de Vienne.

Presque à la même heure, l'étudiant genevois Eberlé (Jean-Sébastien) montait, à la gare de la Friedrichstrasse, dans le train de Bruxelles. Il ne portait avec lui aucun bagage: rien qu'un paquet, qui ressemblait à un gros livre enveloppé. Trauttenbach avait pris le temps de faire sauter le fermoir, de ficeler les documents dans un journal, et de faire disparaître la belle serviette de cuir fauve, inutilement compromettante.

— Si j'étais pincé en territoire allemand avec ce dossier-là sous le bras..., se disait Jacques. Mais il trouvait si dérisoire que sa "mission" fût réduite à ce seul risque, qu'il s'en amusait plutôt et se refusait à en voir le danger. "Bien la peine d'avoir inquiété Jenny!" songea-t-il, rageur.

En cours de route, pourtant, il alla ouvrir le paquet au lavabo, et répartit comme il put les papiers dans ses poches et ses doublures, afin d'éviter les questions des douaniers. Par surcroît de précaution, à l'une des dernières stations allemandes, il descendit acheter des cigares, pour avoir quelque chose à déclarer à la frontière.

Malgré tout, la visite de la douane lui fit passer quelques minutes désagréables. Et ce fut seulement lorsqu'il eut la certitude que le train roulait enfin sur des rails belges, qu'il s'aperçut qu'il était trempé de sueur. Il s'enfonça dans son coin, croisa les bras sur sa veste soigneusement boutonnée, et s'abandonna délicieusement au sommeil.

Questions:

1   Parlez des *Thibault*.
2   Que savez-vous des personnages principaux?
3   Résumez le fragment.

30 François Mauriac

(1885—1970)

Vie et Oeuvre. François Mauriac est élevé dans une atmosphère de dévotion catholique. Il passe sa jeunesse dans la région de Bordeaux qui formera le décor de la plupart de ses romans.

Après des débuts poétiques il écrit surtout des romans: *Le Baiser au Lépreux* (1922), *Thérèse Desqueyroux* (1927), *Le Noeud de Vipères* (1932), *Le Mystère Frontenac* (1933) etc. Mauriac a une prédilection pour les personnages qui semblent voués au Mal. Mais en même temps ils sont tourmentés par l'inquiétude, car dans leurs âmes ils gardent la nostalgie de la pureté et la soif de l'amour divin. Ce conflit entre la passion et la foi est le thème fondamental de la psychologie de Mauriac.

Thérèse Desqueyroux. Thérèse a épousé Bernard Desqueyroux, qui ne la comprend pas. Elle l'a empoisonné, mais il n'est pas mort.

Au début du livre elle est acquittée, grâce au témoignage de Bernard, qui veut étouffer le scandale. Dans le train qui la ramène à son village, elle revoit son passé. A son retour, Bernard la condamne à une vie de prison. A la fin du livre elle va vivre à Paris où elle retrouvera la liberté.

La dernière nuit d'octobre, un vent furieux, venu de l'Atlantique, tourmenta longuement les cimes, et Thérèse, dans un demi-sommeil, demeurait attentive à ce bruit d'Océan. Mais au petit jour, ce ne fut pas la même plainte qui l'éveilla. Elle poussa les volets, et la chambre demeura sombre; une pluie menue, serrée, ruisselait sur les tuiles des communs, sur les feuilles encore épaisses des chênes. Bernard ne sortit pas, ce jour-là. Thérèse fumait, jetait sa cigarette, allait sur le palier, et entendait son mari errer d'une pièce à l'autre au rez-de-chaussée; une odeur de pipe s'insinua jusque dans la chambre, domina celle du tabac blond de Thérèse, et elle reconnut l'odeur de son ancienne vie. Le premier jour de mauvais temps . Combien devrait-elle en vivre au coin de cette cheminée où le feu mourait? Dans les angles la moisissure détachait le papier. Aux murs, la trace demeurait encore des portraits anciens qu'avait pris Bernard pour en orner le salon de Saint-Clair, — et les clous rouillés qui ne soutenaient plus rien. Sur la cheminée, dans un triple cadre de fausse écaille, des photographies étaient pâles comme si les morts qu'elles représentaient y fussent morts une seconde fois: le père de Bernard, sa grand-mère, Bernard lui-même coiffé "en enfant d'Edouard". Tout ce jour à vivre encore, dans cette chambre; et puis ces semaines, ces mois...

Comme la nuit venait, Thérèse n'y tient plus, ouvrit doucement la porte, descendit, pénétra dans la cuisine. Elle vit Bernard assis sur une chaise basse, devant le feu, et qui soudain se mit debout. Balion interrompit le nettoyage d'un fusil; Balionte laissa choir son tricot. Tous trois la regardaient avec une telle expression qu'elle leur demanda:

"Je vous fais peur?"

— "L'accès de la cuisine vous est interdit. Ne le savez-vous pas?"

Elle ne répondit rien, recula vers la porte. Bernard la rappela:

"Puisque je vous vois... je tiens à vous dire que ma présence ici n'est plus nécessaire. Nous avons su créer à Saint-Clair un courant de sympathie; on vous croit, ou l'on fait semblant de vous croire un peu neurasthénique. Il est entendu que vous aimez mieux vivre seule et que je viens souvent vous voir. Désormais, je vous dispense de la messe..."

Elle balbutia que "ça ne l'ennuyait pas du tout d'y aller". Il répondit que ce n'était pas son amusement qui importait. Le résultat cherché était acquis:

"Et puisque la messe, pour vous, ne signifie rien..."

Elle ouvrit la bouche, parut au moment de parler, demeura silencieuse. Il insista pour que d'aucune parole, d'aucun geste, elle ne compromît un succès si rapide, si inespéré. Elle demanda comment allait Marie. Il dit qu'elle partait le lendemain avec Anne et madame de la Trave pour Beaulieu. Lui-même irait y passer quelques semaines: deux mois au plus. Il ouvrit la porte, s'effaça devant Thérèse.

Au petit jour sombre, elle entendit Balion atteler. Encore la voix de Bernard, des piaffements, les cahots de la carriole qui s'éloignait. Enfin la pluie sur les tuiles, sur les vitres brouillées, sur le champ désert, sur les dernières dunes mouvantes, sur l'Océan.

Questions:

1   Citez quelques romans de Mauriac.
2   Où se passent-ils?
3   Que savez-vous des personnages de Mauriac?
4   Thérèse, qu'a-t-elle fait?
5   Quel temps fait-il au début du fragment?
6   Décrivez la chambre de Thérèse.
7   Comment est-elle reçue dans la cuisine?
8   Qu'est-ce que Bernard annonce?
9   Pourquoi peut-il partir?
10   De quel plaisir prive-t-il encore sa femme?

31 Jules Romains

(1885—1972)

Oeuvre. Jules Romains est à la fois poète, romancier et dramaturge. Très jeune encore il est un des promoteurs de l'Unanimisme. Les partisans de ce mouvement s'intéressent à la vie des groupes plutôt qu'à la vie individuelle. Cette idée se retrouve dans toute l'oeuvre de Romains. Son oeuvre maîtresse est sans doute *Les Hommes de Bonne Volonté* (1932—1947). Dans ce vaste roman de 27 volumes l'auteur fait revivre l'âme collective de la société de 1908 à 1933 à travers certains personnages typiques.

Parmi ses oeuvres théâtrales *Knock* (1923) obtint le plus grand succès, en partie grâce au célèbre acteur Louis Jouvet qui joua le rôle principal. On découvre dans cette pièce comment la volonté d'un seul individu parvient à créer un état d'âme collectif.

Knock, 1923. Le vieux Parpalaid a vendu sa clientèle à Knock. Celui-ci n'a pas fait une bonne affaire, semble-t-il, car la population du petit village se porte très bien. Mais selon Knock *"les gens bien portants sont des malades qui s'ignorent"*. Dès qu'il est installé, il passe à l'action. Il donne une consultation gratuite qui attire beaucoup de monde e.a. la dame en noir. Peu à peu les villageois commencent à se sentir malades. Au bout de quelques mois tout le village est transformé en hôpital. Quand Knock réussit à persuader Parpalaid lui-même qu'il est malade, son triomphe est complet.

Knock	Ah! voici les consultants (...) C'est vous qui êtes la première, madame? (*Il fait entrer la dame en noir et referme la porte.*) Vous êtes bien du canton?
La Dame	Je suis de la commune.
Knock	De Saint-Maurice même?
La Dame	J'habite la grande ferme qui est sur la route de Luchère.
Knock	Elle vous appartient?

La Dame	Oui, à mon mari, et à moi.
Knock	Si vous l'exploitez vous-même, vous devez avoir beaucoup de travail?
La Dame	Pensez! monsieur, dix-huit vaches, deux boeufs, deux taureaux, la jument et le poulain, six chèvres, une bonne douzaine de cochons, sans compter la basse-cour.
Knock	Diable! Vous n'avez pas de domestiques?
La Dame	Dame si. Trois valets, une servante et les journaliers dans la belle saison.
Knock	Je vous plains. Il ne doit guère vous rester de temps pour vous soigner.
La Dame	Oh! non.
Knock	Et pourtant vous souffrez.
La Dame	Ce n'est pas le mot. J'ai plutôt de la fatigue.
Knock	Oui, vous appelez ça de la fatigue. (*Il s'approche d'elle.*) Tirez la langue. Vous ne devez pas avoir beaucoup d'appétit.
La Dame	Non.
Knock	Vous êtes constipée.
La Dame	Oui, assez.
Knock	(*il l'ausculte*) Baissez la tête. Respirez. Toussez. Vous n'êtes jamais tombée d'une échelle, étant petite?
La Dame	Je ne me souviens pas.
Knock	(*il lui palpe et lui percute le dos, lui presse brusquement les reins*) Vous n'avez jamais mal ici, le soir, en vous couchant? Une espèce de courbature?
La Dame	Oui, des fois.
Knock	(*il continue de l'ausculter*) Essayez de vous 'rappeler. Ça devait être une grande échelle.
La Dame	Ça se peut bien.
Knock	(*très affirmatif*) C'était une échelle d'environ trois mètres cinquante, posée contre un mur. Vous êtes tombée à la renverse. C'est la fesse gauche, heureusement, qui a porté.
La Dame	Ah! oui!
Knock	Vous aviez déjà consulté le docteur Parpalaid?
La Dame	Non, jamais.
Knock	Pourquoi?
La Dame	Il ne donnait pas de consultations gratuites. (*Un silence.*)
Knock	(*il la fait asseoir*) Vous vous rendez compte de votre état?
La Dame	Non.

Jules Romains: Knock (page 127)

Jean - Paul Sartre (page 145)

Albert Camus pendant une répétition (page 153)

Becket ou l'honneur de Dieu.
Théâtre Montparnasse (1959, Photo Bernard).
Bruno Cremer et Daniel Ivernel (page 156)

Knock	(*il s'assied en face d'elle*) Tant mieux. Vous avez envie de guérir, ou vous n'avez pas envie?
La Dame	J'ai envie.
Knock	J'aime mieux vous prévenir tout de suite que ce sera très long et très coûteux.
La Dame	Ah! Mon Dieu! Et pourquoi ça?
Knock	Parce qu'on ne guérit pas en cinq minutes un mal qu'on traîne depuis quarante ans!
La Dame	Depuis quarante ans?
Knock	Oui, depuis que vous êtes tombée de votre échelle.
La Dame	Et combien est-ce que ça me coûterait?
Knock	Qu'est-ce que valent les veaux, actuellement?
La Dame	Ça dépend des marchés et de la grosseur. Mais on en peut guère en avoir de propres à moins de quatre ou cinq cents francs.
Knock	Et les cochons gras?
La Dame	Il y en a qui font plus de mille.
Knock	Eh bien! ça vous coûtera à peu près deux cochons et deux veaux.
La Dame	Ah! là! là! Près de trois mille francs? C'est une désolation, Jésus Marie! (*Un silence.*) Mais qu'est-ce que je peux donc avoir de si terrible que ça?
Knock	(*avec une grande courtoisie*) Je vais vous l'expliquer en une minute au tableau noir. (*Il va au tableau et commence un croquis.*) Voici votre moelle épinière, en coupe, très schématiquement, n'est-ce pas? Vous reconnaissez ici votre faisceau de Turck et ici votre colonne de Clarke. Vous me suivez? Eh bien! quand vous êtes tombée de l'échelle, votre Turck et votre Clarke ont glissé en sens inverse (*il trace des flèches de direction*) de quelques dixièmes de millimètres. Vous me direz que c'est très peu. Evidemment. Mais c'est très mal placé. Et puis vous avez ici un tiraillement continu qui s'exerce sur les multipolaires. (*Il s'essuie les doigts.*)
La Dame	Mon Dieu! Mon Dieu!
Knock	Remarquez que vous ne mourrez pas du jour au lendemain. Vous pouvez attendre.
La Dame	Oh là là! J'ai bien eu du malheur de tomber de cette échelle!
Knock	Je me demande même s'il ne vaut pas mieux laisser les choses comme elles sont. L'argent est si dur à gagner. Tandis que les années de vieillesse, on en a toujours bien assez. Pour le plaisir qu'elles donnent!

La Dame	Et en faisant ça plus… grossièrement, vous ne pourriez pas me guérir à moins cher?… à condition que ce soit bien fait tout de même.
Knock	Ce que je puis vous proposer, c'est de vous mettre en observation. Ça ne vous coûtera presque rien. Au bout de quelques jours vous vous rendrez compte par vous-même de la tournure que prendra le mal, et vous vous déciderez.
La Dame	Oui, c'est ça.
Knock	Bien. Vous allez rentrer chez vous. Vous êtes venue en voiture?
Le Dame	Non, à pied.
Knock	(tandis qu'il rédige l'ordonnance, assis à sa table) Il faudra tâcher de trouver une voiture. Vous vous coucherez en arrivant. Une chambre où vous serez seule autant que possible. Faites fermer les volets et les rideaux pour que la lumière ne vous gêne pas. Défendez qu'on vous parle. Aucune alimentation solide pendant une semaine. Un verre d'eau de Vichy toutes les deux heures, et à la rigueur, une moitié de biscuit, matin et soir, trempée dans un doigt de lait. Mais j'aimerais autant que vous vous passiez de biscuit. Vous ne direz pas que je vous ordonne des remèdes coûteux! A la fin de la semaine, nous verrons comment vous vous sentez. Si vous êtes gaillarde, si vos forces et votre gaîté sont revenues, c'est que le mal est moins sérieux qu'on ne pouvait croire, et je serai le premier à vous rassurer. Si, au contraire, vous éprouvez une faiblesse générale, des lourdeurs de tête, et une certaine paresse à vous lever, l'hésitation ne sera plus permise, et nous commencerons le traitement. C'est convenu?
La Dame	(soupirant) Comme vous voudrez.
Knock	(désignant l'ordonnance) Je rappelle mes prescriptions sur ce bout de papier. Et j'irai vous voir bientôt. (Il lui remet l'ordonnance et la reconduit. A la cantonade:) Mariette, aidez madame à descendre l'escalier et à trouver une voiture. (On aperçoit quelques visages de consultants que la sortie de la dame en noir frappe de crainte et de respect.)

Questions:

1   Qu'est-ce que l'Unanimisme?
2   Dans quels romans retrouve-t-on cette tendance?
3   Qui est Knock?
4   Quelle est son influence?
5   Comment est-ce que Knock s'y prend pour savoir quelle est la fortune de la paysanne?
6   La dame est-elle vraiment malade?
7   Montrez qu'elle est avare.
8   Knock a l'air de la rassurer mais qu'est-ce qu'il fait en réalité?
9   Quel régime doit-elle suivre?
10   Comment sort-elle de chez Knock?

32   Jean Giraudoux

(1882—1944)

Vie et Oeuvre. Après avoir étudié l'allemand à l'Ecole Normale Supérieure, Giraudoux entre au Ministère des Affaires Etrangères, mais il se consacre en même temps à la littérature.

Il écrit plusieurs romans avant de découvrir, à l'âge de 46 ans, sa vocation de dramaturge. Il tire d'un roman sa première pièce *Siegfried,* mise en scène par Louis Jouvet pour qui il écrira tout son théâtre. Giraudoux invente peu. Ainsi *Ondine* est tiré d'une légende allemande, tandis que le sujet de plusieurs autres pièces est emprunté à l'Antiquité. Ce sont *Amphytrion, La Guerre de Troie n'aura pas lieu, Electre,* pièces où les anachronismes ne manquent d'ailleurs pas. Giraudoux aime à faire réfléchir les spectateurs sur les grands problèmes. Le thème de la guerre se retrouve dans toute son oeuvre et apparaît notamment dans *La Guerre de Troie n'aura pas lieu.* Ce problème était particulièrement brûlant en 1935, lorsque la guerre menaçait une fois de plus l'Europe.

Il traite ce thème avec un mélange de poésie et de familiarité qui est caractéristique de son oeuvre.

La Guerre de Troie n'aura pas lieu, 1935. Après l'enlèvement d'Hélène par le Troyen Pâris, la guerre menace Troie. Hector, qui revient d'une autre guerre, ne veut plus que la paix. Il sait gagner les membres de sa famille à la cause pacifiste: il faut qu'Hélène retourne en Grèce. Mais il y a aussi un parti belliciste à Troie; le poète Demokos en est le représentant.

Un moment Hector semble triompher, mais quand il blesse Demokos qui continue à exciter le peuple, le poète accuse le Grec Oïax. Alors les Troyens se précipitent sur le Grec et le tuent. La guerre de Troie aura lieu . . .

Oiax	Où est-il? Où ce cache-t-il? Un lâche! Un Troyen!
Hector	Qui cherchez-vous?
Oiax	Je cherche Pâris . . .

Hector	Je suis son frère.
Oiax	Belle famille! Je suis Oiax! Qui es-tu?
Hector	On m'appelle Hector.
Oiax	Moi je t'appelle beau-frère de pute!
Hector	Je vois que la Grèce nous a envoyé des négociateurs. Que voulez-vous?
Oiax	La guerre!
Hector	Rien à espérer. Vous la voulez pourqoui?
Oiax	Ton frère a enlevé Hélène.
Hector	Elle était consentante, à ce que l'on m'a dit.
Oiax	Une Grecque fait ce qu'elle veut. Elle n'a pas à te demander la permission. C'est un cas de guerre.
Hector	Nous pouvons vous offrir des excuses.
Oiax	Les Troyens n'offrent pas d'excuses. Nous ne partirons d'ici qu'avec votre déclaration de guerre.
Hector	Déclarez-la vous-mêmes.
Oiax	Parfaitement, nous la déclarerons, et dès ce soir.
Hector	Vous mentez. Vous ne la déclarerez pas. Aucune île de l'archipel ne vous suivra si nous ne sommes pas les responsables... Nous ne le serons pas.
Oiax	Tu ne la déclareras, toi, personnellement, si je te déclare que tu es un lâche?
Hector	C'est un genre de déclaration que j'accepte.
Oiax	Je n'ai jamais vu manquer à ce point de réflexe militaire!... Si je te dis ce que la Grèce entière pense de Troie, que Troie est le vice, la bêtise?...
Hector	Troie est l'entêtement. Vous n'aurez pas la guerre.
Oiax	Si je crache sur elle?
Hector	Crachez.
Oiax	Si je te frappe, toi son prince?
Hector	Essayez.
Oiax	Si je frappe en plein visage le symbole de sa vanité et de son faux honneur?
Hector	Frappez...
Oiax	(le giflant) Voilà... Si Madame est ta femme, Madame peut être fière.
Hector	Je la connais... Elle est fière.
Demokos	(entre) Quel est ce vacarme! Que veut cet ivrogne, Hector!
Hector	Il ne veut rien. Il a ce qu'il veut.
Demokos	Que se passe-t-il, Andromaque?
Andromaque	Rien.
Oiax	Deux fois rien. Un Grec gifle Hector, et Hector encaisse.

Demokos	C'est vrai, Hector?
Hector	Complètement faux, n'est-ce pas, Hélène?
Hélène	Les Grecs sont très menteurs. Les hommes grecs.
Oiax	C'est de nature qu'il a une joue plus rouge que l'autre.
Hector	Oui. Je me porte bien de ce côté-là.
Demokos	Dis la vérité, Hector. Il a osé porter la main sur toi?
Hector	C'est mon affaire.
Demokos	C'est affaire de guerre. Tu es la statue même de Troie.
Hector	Justement. On ne gifle pas les statues.
Demokos	Qui es-tu, brute? Moi, je suis Demokos, second fils d'Achichaos!
Oiax	Second fils d'Achichaos? Enchanté. Dis-moi? Cela est-il aussi grave de gifler un second fils d'Achichaos que de gifler Hector?
Demokos	Tout aussi grave, ivrogne. Je suis chef du sénat. Si tu veux la guerre, la guerre jusqu'à la mort, tu n'as qu'à essayer.
Oiax	Voilà . . . J'essaye. (*Il gifle Demokos.*)
Demokos	Troyens. Soldats! Au secours!
Hector	Tais-toi, Demokos!
Demokos	Aux armes! On insulte Troie! Vengeance!
Hector	Je te dis de te taire.
Demokos	Je crierai... J'ameuterai la ville!
Hector	Tais-toi!... Ou je te gifle!
Demokos	Priam! Anchise! Venez voir la honte de Troie. Elle a Hector pour visage.
Hector	Tiens.

Hector a giflé Demokos. Oiax s'esclaffe.

II 9, 10.

Questions:

1 Pour quel acteur Giraudoux écrit-il son théâtre?
2 Nommez quelques pièces.
3 Nommez un thème important dans son oeuvre.
4 Dans quelle pièce retrouve-t-on ce thème?
5 Quels partis s'y opposent?
6 Quelle est la réponse ironique de Hector aux offenses d'Oiax?
7 Est-ce que Pâris a enlevé Hélène contre sa volonté?
8 Hector, est-il lâche?
9 Quelle explication comique donne-t-il de sa joue rouge?
10 Quels éléments de farce trouve-t-on dans ce fragment?

33 Céline
(1894—1961)

Vie et Oeuvre. Né dans une famille pauvre, Louis-Ferdinand Destouches doit travailler pour payer ses études. En 1914 il s'engage comme volontaire et se conduit héroïquement. Grièvement blessé au cours d'une mission dangereuse, il est admis à l'hôpital. Après la guerre il fait des études de médecine et après quelques voyages — en Afrique, aux Etats-Unis — il s'établit comme médecin dans des quartiers populaires.

En 1932 il donne son premier roman *Voyage au bout de la nuit*, dont le personnage principal Bardamu ressemble beaucoup à Céline. Ce livre, écrit dans un style parlé et populaire a un succès retentissant. L'auteur y exprime sa révolte contre les injustices de la société moderne, le militarisme, le colonialisme.

Le second roman, *Mort à crédit* (1936) raconte dans un style violent sa vie jusqu'à son engagement dans l'armée.

A la fin de la deuxième guerre mondiale il doit fuir en Allemagne, à cause de ses écrits antisémitiques. Il assiste à l'effondrement du régime hitlérien, qu'il raconte dans quelques romans comme *D'un château à l'autre* (1957). Après un exil au Danemark, il revient en France en 1951 et reprend son métier de médecin.

A l'hopital

Notre hôpital était propre, comme il faut se dépêcher de voir ces choses-là, quelques semaines, tout à leur début, car pour l'entretien des choses chez nous, on a aucun goût, on est même à cet égard de francs dégueulasses. On s'est couché, je dis donc, au petit bonheur des lits métalliques et à la lumière lunaire, c'était si neuf ces locaux, que l'électricité n'y venait pas encore.

Au réveil, notre nouveau médecin-chef est venu se faire connaître, tout content de nous voir, qu'il semblait, toute cordialité dehors. Il avait des raisons de son côté pour être heureux, il venait d'être nommé à quatre galons. Cet homme possédait en plus les plus beaux yeux du monde, veloutés et surnaturels, il s'en servait beaucoup pour l'émoi de quatre charmantes infirmières bénévoles qui l'entouraient de prévenances et de mimiques et qui n'en perdaient pas une miette de leur médecin-chef. Dès le premier contact, il se saisit de notre moral, comme il nous en prévint. Sans façon, empoignant familièrement l'épaule de l'un de nous, le secouant paternellement, la voix réconfortante, il nous traça les règles et le plus court chemin pour aller gaillardement et au plus tôt encore nous refaire casser la gueule.

D'où qu'ils provinssent décidément, ils ne pensaient qu'à cela. On aurait dit que ça leur faisait du bien. C'était le nouveau vice. "La France, mes amis, vous a fait confiance, c'est une femme, la plus belle des femmes la France! entonna-t-il. Elle compte sur votre héroïsme la France! Victime de la plus lâche, de la plus abominable agression. Elle a le droit d'exiger de ses fils d'être vengée profondément la France! D'être rétablie dans l'intégrité de son territoire, même au prix du sacrifice le plus haut la France! Nous ferons tous ici, en ce qui nous concerne, notre devoir, mes amis, faites le vôtre! Notre science vous appartient! Elle est vôtre! Toutes ses ressources sont au service de votre guérison! Aidez-nous à votre tour dans la mesure de votre bonne volonté! Je le sais, elle nous est acquise votre bonne volonté! Et que bientôt vous puissiez tous reprendre votre place à côté de vos chers camarades des tranchées! Votre place sacrée! Pour la défense de notre sol chéri. Vive la France! En avant!" Il savait parler aux soldats.

Nous étions chacun au pied de notre lit, dans la position du garde-à-vous, l'écoutant. Derrière lui, une brune du groupe de ses jolies infirmières dominait mal l'émotion qui l'étreignait et que quelques larmes rendirent visible. Les autres infirmières, ses compagnes, s'empressèrent aussitôt: "Chérie! Chérie! Je vous assure... Il reviendra, voyons!..." C'était une de ses cousines, la blonde un peu boulotte, qui la consolait le mieux. En passant près de nous, la soutenant dans ses bras, elle me confia la boulotte qu'elle défaillait ainsi la cousine jolie, à cause du départ récent d'un fiancé mobilisé dans la marine. Le maître ardent, déconcerté, s'efforçait d'atténuer le bel et tragique émoi propagé par sa brève et vibrante allocution. Il en demeurait tout confus et peiné devant elle. Réveil d'une trop douloureuse inquiétude dans un coeur d'élite, évidemment pathétique, tout sensibilité et tendresse. "Si nous avions su, maître! chuchotait encore la blonde cousine, nous vous aurions prévenu... Ils s'aiment si tendrement si vous saviez!..." Le groupe des infirmières et le Maître lui-même disparurent parlotant toujours et bruissant à travers le couloir. On ne s'occupait plus de nous.

J'essayai de me rappeler et de comprendre le sens de cette allocution qu'il venait de prononcer, l'homme aux yeux splendides, mais loin, moi, de m'attrister elles me parurent en y réfléchissant, ces paroles, extraordinairement bien faites pour me dégoûter de mourir. C'était aussi l'avis des autres camarades, mais ils n'y trouvaient pas au surplus comme moi, une façon de défi et d'insulte. Eux ne cherchaient guère à comprendre ce qui se passait autour de nous dans la vie, ils discernaient seulement, et encore à peine, que le délire ordinaire du monde s'était accru depuis quelques mois, dans de telles proportions, qu'on ne pouvait décidément plus appuyer son existence sur rien de stable.

Quéstions:

1   Est-ce que les romans de Céline sont autobiographiques?
2   Qu'est-ce qu'il attaque dans le fragment reproduit?
3   Comment le médecin montre-t-il son patriotisme?
4   Qu'est-ce qu'il demande aux blessés?
5   Il veut que la France soit "rétablie dans l'intégrité de son territoire". Expliquez.
6   Pourquoi est-ce qu'une des infirmières pleure?
7   Quel est l'effet de l'allocution sur les blessés?
8   Qu'est-ce que le narrateur y trouve?

34 Antoine de Saint Exupéry

(1900—1944)

Vie et Oeuvre. Saint-Exupéry trouve sa véritable vocation pendant son service militaire: c'est d'être aviateur. Il commence comme pilote de ligne, puis, de 1929 à 1931, il est chargé de la direction de la Compagnie aérienne argentine. Il y développe les liaisons aériennes et crée la ligne de Patagonie. Pendant ce séjour il écrit *Vol de Nuit* (1931).

Après avoir donné sa démission, il reste actif dans l'aviation. Au début de la guerre il prend part aux combats. Mais il continue aussi à écrire: des reportages, des livres: *Terre des Hommes* (1939), *Pilote de guerre* (1942), *Le petit Prince* (1943).

A la fin de la guerre il accomplit plusieurs missions dangereuses, malgré son âge. Au cours d'une mission de reconnaissance au-dessus des Alpes son avion est abattu par les Allemands.

"Saint-Ex" est donc un homme d'action. Dans ses livres il exalte l'énergie et le sacrifice exigés par son métier héroïque. L'aviateur doit se donner entièrement à sa tâche. Il trouve son bonheur dans ce sacrifice, mais c'est un bonheur différent de celui que donne la vie bourgeoise et routinière.

Il découvre la fraternité, car il n'est pas seul dans l'accomplissement de son métier, il poursuit un but en commun avec d'autres hommes.

Vol de Nuit, 1931. Ce livre retrace une époque où les vols de nuit étaient encore très périlleux. Rivière, directeur d'une ligne aérienne, est un homme fort et dur. Pourtant, quand un de ses pilotes, Fabien, a disparu dans un orage, il se demande s'il a le droit de sacrifier même à un grand idéal, le bonheur des individus. Puis il se reprend: les vols de nuit continueront.

"Au nom de quoi"?

Le chef de bureau poussa la porte de Rivière:

— C'est Mme Fabien qui veut vous parler. "Voilà, pensa Rivière, voilà ce que je craignais." Les éléments affectifs du drame commençaient à se montrer. Il pensa d'abord les récuser: les mères et les femmes n'entrent pas dans les salles d'opération. On fait taire l'émotion aussi sur les navires en danger. Elle n'aide pas à sauver les hommes. Il accepta pourtant:

— Branchez sur mon bureau.

Il écouta cette petite voix lointaine, tremblante, et tout de suite il sut qu'il ne pourrait pas lui répondre. Ce serait stérile, infiniment, pour tous les deux, de s'affronter.

— Madame, je vous en prie, calmez-vous! Il est si fréquent, dans notre métier, d'attendre longtemps des nouvelles.

Il était parvenu à cette frontière où se pose, non le problème d'une petite détresse particulière, mais celui-là même de l'action. En face de Rivière se dressait, non la femme de Fabien, mais un autre sens de la vie. Rivière ne pouvait qu'écouter, que plaindre cette petite voix, ce chant tellement triste, mais ennemi. Car ni l'action, ni le bonheur individuel n'admettent le partage: ils sont en conflit. Cette femme parlait elle aussi au nom d'un monde absolu et de ses devoirs et de ses droits. Celui d'une clarté de lampe sur la table du soir, d'une chair qui réclamait sa chair, d'une patrie d'espoirs, de tendresses, de souvenirs. Elle exigeait son bien et elle avait raison. Et lui aussi, Rivière, avait raison, mais il ne pouvait rien opposer à la vérité de cette femme. Il découvrait sa propre vérité, à la lumière d'une humble lampe domestique, inexprimable et inhumaine.

— Madame...

Elle n'écoutait plus. Elle était retombée, presque à ses pieds, lui semblait-il, ayant usé ses faibles poings contre le mur.

Un ingénieur avait dit un jour à Rivière, comme ils se penchaient sur un blessé, auprès d'un pont en construction: "Ce pont vaut-il le prix d'un visage écrasé?" Pas un des paysans, à qui cette route était ouverte, n'eût accepté, pour s'épargner un détour par le pont suivant, de mutiler ce visage effroyable. Et pourtant l'on bâtit des ponts. L'ingénieur avait ajouté: "L'intérêt général est formé des intérêts particuliers: il ne justifie rien de plus". "Et pourtant, lui avait répondu plus tard Rivière, si la vie humaine n'a pas de prix, nous agissons toujours comme si quelque chose dépassait, en valeur, la vie humaine... Mais quoi?"

Et Rivière, songeant à l'équipage, eut le coeur serré. L'action, même celle de construire un pont, brise des bonheurs: Rivière ne pouvait plus ne pas se demander "au nom de quoi?"

"Ces hommes, pensait-il, qui vont peut-être disparaître, auraient pu vivre heureux". Il voyait des visages penchés dans le sanctuaire d'or des lampes du soir. "Au nom de quoi les a-t-il arrachés au bonheur individuel? La première loi n'est-elle pas de protéger ces bonheurs-là? Mais lui-même les brise. Et pourtant un jour, fatalement, s'évanouissent, comme des mirages, les sanctuaires d'or. La vieillesse et la mort les détruisent, plus impitoyables que lui-même. Il existe peut-être quelque chose d'autre à sauver et de plus durable; peut-être est-ce à sauver cette part-là de l'homme que Rivière travaille? Sinon l'action ne se justifie pas.

Questions:

1 Que savez-vous de la vie de Saint-Exupéry?
2 Que pense-t-il de son métier?
3 Qui est Rivière?
4 Qui est Fabien?
5 Quels deux mondes différents Mme Fabien et Rivière représentent-ils?
6 Rivière est-il tout à fait d'accord avec l'ingénieur?
7 Quelles réflexions encouragent Rivière à sacrifier le bonheur individuel?
8 Croyez-vous qu'il ait raison?

35　André Malraux

(1901—1976)

Vie et Oeuvre. Malraux est l'apôtre de l'action. Lui-même a pris part aux événements: c'est un écrivain engagé. Ses livres en témoignent. De 1923—1927 Malraux séjourne en Extrême-Orient. Il participe aux expéditions archéologiques et aux mouvements révolutionnaires. Nous devons trois romans à cette expérience. Le meilleur est *La Condition Humaine* (1933), qui se passe à Shanghaï en 1927 et décrit la révolte manquée des communistes chinois contre Tchang Kai Tchek. Malraux propose l'action pour fuir le désespoir. D'abord ce n'est qu'une aventure, puis l'action entre au service de la révolution:

"*La révolution rend à l'homme opprimé, humilié et anxieux, une raison de vivre, une espérance. En faisant descendre cette espérance du ciel sur la terre, elle prend la place de la religion, elle fait pour les masses souffrantes et détrompées ce que l'Eglise ne saurait plus faire.*"

Dans la révolution on découvre la fraternité. L'homme n'est plus seul, il lutte avec les autres pour un meilleur avenir. Un des personnages de la *Condition humaine,* Katow, se sacrifie pour ses camarades et leur donne son cyanure tout en sachant qu'il sera brûlé vif.

Dès 1933 Malraux combat le fascisme. Il décrit les camps de concentration dans *Le Temps du Mépris,* la guerre d'Espagne dans *L'Espoir* (1938). Lui-même organise l'aviation républicaine dans la lutte contre Franco. Puis vient la guerre mondiale. Il joue un rôle dans la Résistance, puis, à la tête d'une brigade, il participe à la Libération de la France.

Après la guerre il abandonne l'idéologie révolutionnaire. Désormais il s'occupe d'art et de politique. En 1958 il devient ministre des Affaires culturelles.

Dans le fragment suivant les prisonniers communistes attendent la mort. Ils seront jetés vivants dans la chaudière d'une locomotive dont on entend le sifflet.

Le cyanure

Les soldats venaient chercher dans la foule deux prisonniers qui ne pouvaient se lever. Sans doute d'être brûlé vif donnait-il droit à des honneurs spéciaux, quoique limités: transportés sur un seul brancard l'un sur l'autre ou presque, ils furent déversés à la gauche de Katow; Kyo mort était couché à sa droite. C'étaient des Chinois très jeunes; l'un était Souen, le second, inconnu. Pourquoi n'étaient-ils pas avec les autres?

— Organisation de groupes de combat? demanda-t-il.

— Attentat contre Chang-Kaï-Shek.

— Avec Chen?

— Non. Il a voulu lancer sa bombe tout seul. Chang n'était pas dans la voiture. Moi, j'attendais l'auto beaucoup plus loin. J'ai été pris avec la bombe.

La voix qui lui répondait était si étranglée que Katow regarda attentivement les deux visages: les jeunes gens pleuraient, sans un sanglot. "Y a pas grand'chose à faire avec la parole" pensa Katow. Souen voulut bouger l'épaule et grimaça de douleur — il était blessé aussi au bras.

— Brûlé, dit-il. Etre brûlé vif. Les yeux aussi, les yeux, tu comprends... Son camarade sanglotait maintenant.

— On peut l'être par accident, dit Katow.

Il semblait qu'ils parlassent, non l'un à l'autre, mais à quelque troisième personne invisible.

— Ce n'est pas la même chose.

— Non: c'est moins bien.

— Les yeux aussi, répétait le jeune homme d'une voix plus basse, les yeux aussi...Chacun des doigts, et le ventre, le ventre...

— Tais-toi, dit l'autre d'une voix de sourd.

Il eût voulu crier, mais ne pouvait plus. Il crispa ses mains tout près des blessures de Souen, dont les muscles se contractèrent.

Aucun des condamnés ne parlait plus. Au delà du fanal, dans l'ombre maintenant complète, toujours la rumeur des blessures... Il se rapprocha encore de Souen et de son compagnon. L'un des gardes contait aux autres une histoire: têtes réunies, ils se trouvèrent entre le fanal et les condamnés: ceux-ci ne se voyaient même plus. Malgré la rumeur, malgré tous ces hommes qui avaient combattu comme lui, Katow était seul, seul entre le corps de son ami mort et ses deux compagnons épouvantés, seul entre ce mur et ce sifflet perdu dans la nuit.

Mais un homme pouvait être plus fort que cette solitude et même, peut-être, que ce sifflet atroce: la peur luttait en lui contre la plus terrible tentation de sa vie. Il ouvrit à son tour la boucle de sa ceinture. Enfin:

— Hé là, dit-il à voix très basse. Souen, pose ta main sur ma poitrine, et prends dès que je la toucherai: je vais vous donner mon cyanure. Il n'y en a absolument que pour deux.

Il avait renoncé à tout, sauf à dire qu'il n'y en avait que pour deux. Couché sur le côté, il brisa le cyanure en deux. Les gardes masquaient la lumière, qui les entourait d'une auréole trouble; mais n'allaient-ils pas bouger? Impossible de voir quoi que ce fût; ce don de plus que sa vie, Katow le faisait à cette main chaude qui reposait sur lui, pas même à des corps, pas même à des voix. Elle se crispa comme un animal et et sépara de lui aussitôt. Il attendit, tout le corps tendu. Et soudain, il entendit l'une des deux voix:

— C'est perdu. Tombé.

Voix à peine altérée par l'angoisse, comme si une telle catastrophe, si décisive, si tragique, n'eût pas été possible, comme si tout eût dû s'arranger. Pour Katow aussi, c'était impossible. Une colère sans limites montait en lui mais retombait, combattue par cette impossibilité. Et pourtant! Avoir donné cela pour que cet idiot le perdît!

— Quand? demanda-t-il.

— Avant mon corps. Pas pu tenir quand Souen l'a passé: je suis aussi blessé à la main.

— Il a fait tomber les deux, dit Souen.

Sans doute cherchaient-ils entre eux. Ils cherchèrent ensuite entre Katow et Souen, sur qui l'autre était probablement presque couché, car Katow, sans rien voir, sentait près de lui la masse des deux corps. Il cherchait lui aussi, s'efforçant de vaincre sa nervosité, de poser sa main à plat, de dix centimètres, en dix centimètres, partout où il pouvait atteindre. Leurs mains frôlaient la sienne. Et tout à coup une des deux la prit, la serra, la conserva.

— Même si nous ne trouvons rien . . . dit une des voix.

Katow, lui aussi, serrait la main, à la limite des larmes, pris par cette pauvre fraternité sans visage, presque sans vraie voix (tous les chuchotements se ressemblent) qui lui était donnée dans cette obscurité contre le plus grand don qu'il eût jamais fait, et qui était peut-être fait en vain. Bien que Souen continuât à chercher, les deux mains restaient unies. L'étreinte devint soudain crispation:

— Voilà.

O résurrection!... Mais:

— Tu es sûr que ce ne sont pas des cailloux? demanda l'autre.

Il y avait beaucoup de morceaux de plâtre par terre.

— Donne! dit Katow.

Du bout des doigts, il reconnut les formes.

Il les rendit — les rendit — serra plus fort la main qui cherchait à nouveau la sienne, et attendit, tremblant des épaules, claquant des dents.

— Pourvu que le cyanure ne soit pas décomposé, malgré le papier d'argent, pensa-t-il. La main qu'il tenait tordit soudain la sienne et, comme s'il eût communiqué par elle avec le corps perdu dans l'obscurité, il sentit que celui-ci se tendait. Il enviait cette suffocation convulsive. Presque en même temps, l'autre poussa un cri étranglé auquel nul ne prit garde. Puis, rien. Katow se sentit abandonné. Il se retourna sur le ventre et attendit. Le tremblement de ses épaules ne cessait pas. Au milieu de la nuit, l'officier revint. Dans un chahut d'armes heurtées, six soldats s'approchèrent des condamnés. Tous les prisonniers s'étaient réveillés. Le nouveau fanal, lui aussi, ne montrait que de longues formes confuses — des tombes dans la terre retournée, déjà — et quelques reflets sur des yeux. Katow était parvenu à se dresser. Celui qui commandait l'escorte prit le bras de Kyo, en sentit la raideur, saisit aussitôt Souen; celui-là aussi était raide. Une rumeur se propageait des premiers rangs des prisonniers aux derniers. Le chef d'escorte prit par le pied une jambe du premier, puis du second: elles retombèrent, raides. Il appela l'officier. Celui-ci fit les mêmes gestes. Parmi les prisonniers, la rumeur grossissait. L'officier regarda Katow: "Morts?" Pourquoi répondre?

— Isolez les six prisonniers les plus proches!

— Inutile, répondit Katow: c'est moi qui leur ai donné le cyanure. L'officier hésita:

— Et vous? demanda-t-il enfin.

— Il n'y en avait que pour deux, répondit Katow avec une joie profonde.

Questions:

1 Parlez de la vie de Malraux.
2 Comment voit-il la Révolution?
3 Est-il resté révolutionnaire?
4 Que savez-vous de *La Condition humaine*?
5 Pourquoi est-ce que les jeunes chinois sont là?
6 Pourquoi est-il moins bien d'être brûlé par accident?
7 Le sentiment de fraternité est plus fort que celui de la solitude. Montrez-le.
8 Quelle est la réaction de Katow et celle de Souen quand le cyanure est tombé?
9 Pourquoi Malraux parle-t-il de "fraternité sans visage"?
10 Sauriez-vous expliquer pourquoi Katow répond à l'officier "avec une joie profonde"?

36 L'Existentialisme Jean-Paul Sartre

(1905)

L'Existentialisme a eu une influence capitale après la dernière guerre. C'est Jean-Paul Sartre, professeur de philosophie, qui en a donné une large diffusion grâce à son oeuvre littéraire. Il a exprimé sa pensée dans des oeuvres philosophiques, des romans (*La Nausée*, 1938, et *Les Chemins de la liberté*, 3 volumes, 1945, 49) et des pièces de théâtre (*Huis Clos*, 1944, *Les Mains sales*, 1948, *Le Diable et le bon Dieu*, 1951, etc.).

Simone de Beauvoir (1908), disciple et compagne de Sartre, a écrit des romans (*L'Invitée*, *Les Mandarins*) et des essais (*Le Deuxième Sexe*, *La Vieillesse*).

Les Mandarins (1954) nous montre les déceptions de la gauche intellectuelle après la guerre. On y trouve des personnages qui ressemblent vaguement à Sartre, à Camus, à l'auteur elle-même.

Dans *Le Deuxième Sexe* elle parle de la condition de la femme: "on ne naît pas femme, on le devient."

Mais Simone de Beauvoir nous intéresse le plus quand elle parle d'elle-même, ce qu'elle fait dans ses mémoires qu'elle publie depuis 1958: *Mémoires d'une jeune fille rangée*, *La Force de l'âge*, *La Force des choses*.

La philosophie de Sartre. Selon Sartre *l'Existence précède l'Essence*, ce qui veut dire qu'on ne peut pas définir un homme, qu'on ne peut pas dire qu'il est tel, puisque l'homme n'est pas, il *"se fait"*.

Il se fait en agissant. L'homme doit agir pour donner un sens à sa vie. On le jugera d'après ses actes. Ainsi on peut dire après la mort de quelqu'un comment il a été: *"je serai quand je ne serai plus"*.

L'un des personnages des Mouches dit: *"Il n'y a plus rien au ciel, ni Bien ni Mal, ni personne pour me donner des ordres... Je suis homme et chaque homme doit inventer son chemin"*.

L'homme est donc libre, il peut choïsir. Pourtant, il est *"en situation"*, il est engagé dans les événements de son époque, il est responsable. Si l'homme assume sa responsabilité et choisit d'agir, sa vie aura un sens.

Ceci vaut aussi pour l'écrivain. La littérature devra être "engagée:

> *"Serions-nous muets et cois comme des cailloux, notre passivité même serait une action. L'écrivain est en situation dans son époque, chaque parole a des retentissements, chaque silence aussi. Je tiens Flaubert et Goncourt pour responsables de la répression qui suivit la Commune parce qu'ils n'ont pas écrit une ligne pour l'empêcher...*
>
> *Ce n'était pas leur affaire, dira-t-on, mais à propos de Calas, était-ce l'affaire de Voltaire? la condamnation de Dreyfus, était-ce l'affaire de Zola? l'administration du Congo, était-ce l'affaire de Gide? Chacun de ces auteurs, en une circonstance particulière de sa vie, a mesuré sa responsabilité d'écrivain."*
>
> (Qu'est-ce que la littérature?)

Le Mur, 1939. L'absurdité du monde est le thème de son premier roman, La Nausée. Nous retrouvons ce thème dans un recueil de cinq nouvelles qu'il publie en 1939.

Nous reproduisons la fin de la première de ces nouvelles. L'action se passe en Espagne, pendant la guerre civile. Trois prisonniers attendent leur exécution.

L'Interrogatoire

Au bout d'une heure, on vint me chercher et on me conduisit au premier étage, dans une petite pièce qui sentait le cigare et dont la chaleur me parut suffocante. Il y avait là deux officiers qui fumaient assis dans des fauteuils, avec des papiers sur leurs genoux.

— Tu t'appelles Ibbieta?

— Oui.

— Où est Ramon Gris?

— Je ne sais pas.

Celui qui m'interrogeait était petit et gros. Il avait des yeux durs derrière ses lorgnons. Il me dit:

— Approche.

Je m'approchai. Il se leva et me prit par les bras en me regardant d'un air à me faire rentrer sous terre. En même temps, il me pinçait les biceps de toutes ses forces. Ça n'était pas pour me faire mal, c'était le grand jeu: il voulait me dominer.

Il jugeait nécessaire aussi de m'envoyer son souffle pourri en pleine figure. Nous restâmes un moment comme ça, moi ça me donnait plutôt envie de rire. Il en faut beaucoup plus pour intimider un homme qui va mourir: ça ne prenait pas. Il me repoussa violemment et se rassit. Il dit:

146

— C'est ta vie contre la sienne. On te laisse la vie sauve si tu nous dis où il est.

Ces deux types chamarrés avec leurs cravaches et leurs bottes, c'étaient tout de même des hommes qui allaient mourir. Un peu plus tard que moi, mais pas beaucoup plus. Et ils s'occupaient à chercher des noms sur leurs paperasses, ils couraient après d'autres hommes pour les emprisonner ou les supprimer; ils avaient des opinions sur l'avenir de l'Espagne et sur d'autres sujets. Leurs petites activités me paraissaient choquantes et burlesques: je n'arrivais plus à me mettre à leur place, il me semblait qu'ils étaient fous. Le petit gros me regardait toujours, en fouettant ses bottes de sa cravache. Tous ses gestes étaient calculés pour lui donner l'allure d'une bête vive et féroce.

— Alors? C'est compris?

— Je ne sais où est Gris, répondis-je. Je croyais qu'il était à Madrid.

L'autre officier leva sa main pâle avec indolence. Cette indolence aussi était calculée. Je voyais tous leurs petits manèges et j'étais stupéfait qu'il se trouvât des hommes pour s'amuser à ça.

— Vous avez un quart d'heure pour réfléchir, dit-il lentement. Emmenez-le à la lingerie, vous le ramènerez dans un quart d'heure. S'il persiste à refuser, on l'exécutera sur-le-champ.

Ils savaient ce qu'ils faisaient: j'avais passé la nuit dans l'attente; après ça, ils m'avaient encore fait attendre une heure dans la cave, pendant qu'on fusillait Tom et Juan et maintenant ils m'enfermaient dans la lingerie; ils avaient dû préparer leur coup depuis la veille. Ils se disaient que les nerfs s'usent à la longue et ils espéraient m'avoir comme ça.

Ils se trompaient bien. Dans la lingerie, je m'assis sur un escabeau, parce que je me sentais très faible et je me mis à réfléchir. Mais pas à leur proposition. Naturellement je savais où était Gris: il se cachait chez ses cousins, à quatre kilomètres de la ville. Je savais aussi que je ne révélerais pas sa cachette, sauf s'ils me torturaient (mais ils n'avaient pas l'air d'y songer). Tout cela était parfaitement réglé, définitif et ne m'intéressait nullement. Seulement j'aurais voulu comprendre les raisons de ma conduite. Je préférais plutôt crever que de livrer Gris. Pourquoi? Je n'aimais plus Ramon Gris. Mon amitié pour lui était morte un peu avant l'aube en même temps que mon amour pour Concha, en même temps que mon désir de vivre. Sans doute je l'estimais toujours; c'était un dur. Mais ça n'était pas pour cette raison que j'acceptais de mourir à sa place; sa vie n'avait pas plus de valeur que la mienne; aucune vie n'avait de valeur. On allait coller un homme contre un mur et lui tirer dessus jusqu'à ce qu'il en crève: que ce fût moi ou Gris ou un autre c'était pareil. Je savais bien qu'il était plus utile que moi à la cause de l'Espagne, mais je me foutais de l'Espagne et de l'anarchie: rien n'avait plus d'importance. Et pourtant j'étais là, je pouvais sauver ma peau en livrant Gris et je me refusais à le faire. Je trouvais ça plutôt comique: c'était de l'obstination. Je pensai:

"Faut-il être têtu!" Et une drôle de gaieté m'envahit. Ils vinrent me chercher et me ramenèrent auprès des deux officiers. Un rat partit sous nos pieds et ça m'amusa. Je me tournai vers un des phalangistes et je lui dis:

— Vous avez vu le rat?

Il ne répondit pas. Il était sombre, il se prenait au sérieux. Moi j'avais envie de rire mais je me retenais parce que j'avais peur, si je commençais, de ne plus pouvoir m'arrêter. Le phalangiste portait des moustaches. Je lui dis encore:

— Il faut couper tes moustaches, ballot.

Je trouvais drôle qu'il laissât de son vivant les poils envahir sa figure. Il me donna un coup de pied sans grande conviction, et je me tus.

— Eh bien, dit le gros officier, tu as réfléchi?

Je les regardai avec curiosité comme des insectes d'une espèce très rare. Je leur dis:

— Je sais où il est. Il est caché dans le cimetière. Dans un caveau ou dans la cabane des fossoyeurs.

C'était pour leur faire une farce. Je voulais les voir se lever, boucler leurs ceinturons et donner des ordres d'un air affairé. Ils sautèrent sur leurs pieds.

— Allons-y. Moles, allez demander quinze hommes au lieutenant Lopez. Toi, me dit le petit gros, si tu as dit la vérité, je n'ai qu'une parole. Mais tu le paieras cher si tu t'es fichu de nous.

Ils partirent dans un brouhaha, et j'attendis paisiblement sous la garde des phalangistes. De temps en temps, je souriais parce que je pensais à la tête qu'ils allaient faire. Je me sentais abruti et malicieux. Je les imaginais, soulevant les pierres tombales, ouvrant une à une les portes des caveaux. Je me représentais la situation comme si j'avais été un autre: ce prisonnier obstiné à faire le héros, ces graves phalangistes avec leurs moustaches et ces hommes en uniforme qui couraient entre les tombes; c'était d'un comique irrésistible.

Au bout d'une demi-heure le petit gros revint seul. Je pensai qu'il venait donner l'ordre de m'exécuter. Les autres devaient être restés au cimetière.

L'officier me regarda. Il n'avait pas du tout l'air penaud.

— Emmenez-le dans la grande cour avec les autres, dit-il. A la fin des opérations militaires, un tribunal régulier décidera de son sort. Je crus que je n'avais pas compris. Je lui demandai:

— Alors on ne me... on ne me fusillera pas?...

— Pas maintenant en tout cas. Après, ça ne me regarde plus.

Je ne comprenais toujours pas. Je lui dis:

— Mais pourquoi?

Il haussa les épaules sans répondre, et les soldats m'emmenèrent. Dans la grande cour il y avait une centaine de prisonniers, des femmes, des enfants, quelques vieillards. Je me mis à tourner autour de la pelouse centrale, j'étais hébété. A midi, on nous fit manger au réfectoire. Deux ou trois types m'interpellèrent. Je devais les connaître, mais je ne leur répondis pas: je ne savais même plus où j'étais.

Vers le soir, on poussa dans la cour une dizaine des prisonniers nouveaux. Je reconnus Garcia, le boulanger, Il me dit:

— Sacré veinard! Je ne pensais pas te revoir vivant.

— Ils m'avaient condamné à mort, dis-je, et puis ils ont changé d'idée. Je ne sais pas pourquoi.

— Ils m'ont arrêté à deux heures, dit Garcia.

— Pourquoi?

Garcia ne faisait pas de politique.

— Je ne sais pas, dit-il. Ils arrêtent tous ceux qui ne pensent pas comme eux.

Il baissa la voix.

— Ils ont eu Gris.

Je me mis à trembler.

— Quand?

— Ce matin. Il avait fait le con. Il a quitté son cousin mardi parce qu'ils avaient eu des mots. Il ne manquait pas de types qui l'auraient caché, mais il ne voulait plus rien devoir à personne. Il a dit: "Je me serais caché chez Ibbieta, mais puisqu'ils l'ont pris, j'irai me cacher au cimetière."

— Au cimetière?

— Oui. C'était con. Naturellement, ils y ont passé ce matin, ça devait arriver. Ils l'ont trouvé dans la cabane des fossoyeurs. Il leur a tiré dessus, et ils l'ont descendu.

— Au cimetière!

Tout se mit à tourner et je me retrouvai assis par terre: je riais si fort que les larmes me vinrent aux yeux.

Dans **Huis Clos** Sartre pose le problème des rapports de l'homme avec "l'Autre". On a vu que, selon Sartre, il faut sans cesse agir pour donner une justification à la vie.

Pour échapper à cette condition difficile, l'homme demande souvent à l'Autre de lui constituer une personnalité. Il veut "*être*" dans l'opinion d'autrui. Ainsi "le regard d'autrui" le dispense de sa responsabilité.

La pièce de Sartre se passe dans une chambre d'hôtel qui représente l'enfer. Comme les trois personnages sont morts et ne peuvent donc plus "*se faire*", ils ont chacun besoin des deux autres pour se faire illusion. Comme l'Autre refuse ce rôle rassurant, il devient un bourreau. A un moment donné Garcin s'écrie: "*L'enfer, c'est les autres!*".

Les personnages sont là, parce que tous les trois, ils ont commis un crime:
Garcin est un lâche qui a fui quand la guerre a éclaté, ce qui a causé la
mort de sa femme, Inès est coupable du suicide de sa nièce, Estelle a tué
l'enfant qu'elle a eu de son amant.

Garcin	(*brusquement à Inès*) Allons, pourquoi sommes-nous ensemble? Vous en avez trop dit: allez jusqu'au bout.
Inès	(*étonnée*) Mais je n'en sais absolument rien.
Garcin	Il faut le savoir. (*Il réfléchit un moment.*)
Inès	Si seulement chacun de nous avait le courage de dire...
Garcin	Quoi?
Inès	Estelle!
Estelle	Plaît-il?
Inès	Qu'avez-vous fait? Pourquoi vous ont-ils envoyée ici?
Estelle	(*vivement*) Mais je ne sais pas, je ne sais pas du tout! Je me demande même si ce n'est pas une erreur. (*A Inès.*) Ne souriez pas. Pensez à la quantité de gens qui... qui s'absentent chaque jour. Ils viennent ici par milliers et n'ont affaire qu'à des subalternes, qu'à des employés sans instruction. Comment voulez-vous qu'il n'y ait pas d'erreur. Mais ne souriez pas. (*A Garcin*). Et vous, dites quelque chose. S'ils se sont trompés dans mon cas, ils ont pu se tromper dans le vôtre. (*A Inès.*) Et dans le vôtre aussi. Est-ce qu'il ne vaut pas mieux croire que nous sommes là par erreur?
Inès	C'est tout ce que vous avez à nous dire?
Estelle	Que voulez-vous savoir de plus? Je n'ai rien à cacher. J'étais orpheline et pauvre, j'élevais mon frère cadet. Un vieil ami de mon père m'a demandé ma main. Il était riche, et bon, j'ai accepté. Qu'auriez-vous fait à ma place? Mon frère était malade et sa santé réclamait les plus grands soins. J'ai vécu six ans avec mon mari sans un nuage. Il y a deux ans, j'ai rencontré celui que je devais aimer. Nous nous sommes reconnus tout de suite, il voulait que je parte avec lui et j'ai refusé. Après cela, j'ai eu ma pneumonie. C'est tout. Peut-être qu'on pourrait, au nom de certains principes, me reprocher d'avoir sacrifié ma jeunesse à un vieillard. (*A Garcin.*) Croyez-vous que ce soit une faute?
Garcin	Certainement non. (*Un temps.*) Et, vous, trouvez-vous que ce soit une faute de vivre selon ses principes?

Estelle	Qui est-ce qui pourrait vous le reprocher?
Garcin	Je dirigeais un journal pacifiste. La guerre éclate. Que faire? Ils avaient tous les yeux fixés sur moi. "Osera-t-il?" Eh bien, j'ai osé. Je me suis croisé les bras et ils m'ont fusillé. Où est la faute? Où est la faute?
Estelle	(*lui pose la main sur le bras*) Il n'y a pas de faute. Vous êtes...
Inès	(*achève ironiquement*) Un Héros. Et votre femme, Garcin?
Garcin	Eh bien, quoi? Je l'ai tirée du ruisseau.
Estelle	(*à Inès*) Vous voyez! vous voyez!
Inès	Je vois. (*Un temps.*) Pour qui jouez-vous la comédie? Nous sommes entre nous.
Estelle	(*avec insolence*) Entre nous?
Inès	Entre assassins. Nous sommes en enfer, ma petite, il n'y a jamais d'erreur et on ne damne jamais les gens pour rien.
Estelle	Taisez-vous.
Inès	En enfer! Damnés! Damnés!
Estelle	Taisez-vous. Voulez-vous taire? Je vous défends d'employer des mots grossiers.
Inès	Damnée, la petite sainte. Damné, le héros sans reproche. Nous avons eu notre heure de plaisir, n'est-ce pas? Il y a des gens qui ont souffert pour nous jusqu'à la mort et cela nous amusait beaucoup. A présent il faut payer.
Garcin	(*la main levée*) Est-ce que vous vous tairez?
Inès	(*le regarde sans peur, mais avec une immense surprise*) Ha! (*Un temps.*) Attendez! J'ai compris, je sais pourquoi ils nous ont mis ensemble!
Garcin	Prenez garde à ce que vous allez dire.
Inès	Vous allez voir comme c'est bête. Bête comme chou! Il n'y a pas de torture physique, n'est-ce pas? Et cependant, nous sommes en enfer. Et personne ne doit venir. Personne. Nous resterons jusqu'au bout seuls ensemble. C'est bien ça? En somme, il y a quelqu'un qui manque ici: c'est le bourreau.
Garcin	(*à mi-voix*) Je le sais bien.
Inès	Eh bien, ils ont réalisé une économie de personnel. Voilà tout. Ce sont les clients qui font le service eux-mêmes, comme dans les restaurants coopératifs.
Estelle	Qu'est-ce que vous voulez dire?
Inès	Le bourreau, c'est chacun de nous pour les deux autres.

Questions:

1 Nommez quelques ouvrages de Sartre.
2 Que savez-vous de Simone de Beauvoir?
3 Expliquez l'expression: "L'Existence précède l'Essence."
4 Comment peut-on donner un sens à la vie?
5 Qu'est-ce qu'un auteur engagé?
6 Parlez de la nouvelle *Le Mur*.
7 Où se passe l'action de *Huis Clos?*
8 Quel problème l'auteur y pose-t-il?
9 Quel peut être le rôle de l'Autre?
10 Les personnages de *Huis Clos* ne peuvent plus "se faire". Expliquez.
11 Quand l'Autre devient-il un "bourreau"?
12 Quel personnage de *Huis Clos* est le plus sincère?
13 Quelle phrase montre qu'Estelle veut garder l'illusion?
14 Quelle version donne-t-elle de son crime?
15 En quoi est-ce que leur situation ressemble à un restaurant coopératif?

37   Albert Camus

(1913—1960)

Vie. Camus passe sa jeunesse en Algérie où il est né.
Après ses études il devient journaliste, d'abord à Alger, puis à Paris. Pendant l'occupation allemande il prend part à la Résistance. Ses livres l'imposent comme un des maîtres de la génération d'après-guerre. Il intervient aussi dans les affaires politiques, comme l'insurrection de Budapest et la guerre d'Algérie.
Son prestige ne cesse de s'accroître: à 44 ans il reçoit le prix Nobel. Il meurt quelques années plus tard dans un accident d'auto.

Oeuvre.
Essais: *Le Mythe de Sisyphe* (1942), *L'Homme révolté* (1951).
Récits: *L'Etranger* (1942), *La Peste* (1947), *L'Exil et le Royaume* (1957).
Théâtre: *Caligula* (1944), *Les Justes* (1950).
Camus a commencé à peindre un monde absurde, puis sa pensée évolue vers l'idée de la révolte.
Comme la plupart des autres hommes, Meursault (*L'Etranger*) mène une vie routinière et machinale. Mais il n'accepte pas leurs valeurs traditionnelles. La vie n'a aucun sens pour lui, rien ne semble le toucher. C'est pourquoi la société le considère comme un étranger et se venge en le condamnant à mort.
Dans un essai, *Le Mythe de Sisyphe*, Camus nous parle de l'homme qui roule sans cesse jusqu'au sommet un rocher qui retombe toujours. Sisyphe est le véritable héros de l'absurde: il sait que ses efforts sont inutiles, mais il recommence toujours, il continue à lutter. Sa grandeur est dans la révolte contre sa condition misérable.
Le thème de *La Peste* est aussi la révolte. La ville d'Oran est frappée d'une épidémie de peste. L'auteur peint l'attitude de ses personnages vis-à-vis du Mal. Il y en a qui se résignent, qui tâchent d'oublier la misère en se divertissant.
Mais les êtres les plus authentiques sont ceux qui luttent de toutes leurs

forces contre le Mal, au nom de la solidarité humaine. A la fin du livre, le personnage principal, le docteur Rieux, avoue que c'est lui qui a rédigé cette chronique de l'épidémie:

> *"pour ne pas être de ceux qui se taisent, pour témoigner en faveur de ces pestiférés, pour laisser du moins un souvenir de l'injustice et de la violence qui leur avaient été faites, et pour dire simplement ce qu'on apprend au milieu des fléaux, qu'il y a dans les hommes plus de choses à admirer que de choses à mépriser.*
> *Mais il savait cependant que cette chronique ne pouvait pas être celle de la victoire définitive. Elle ne pouvait être que le témoignage de ce qu'il avait fallu accomplir et que, sans doute, devraient accomplir encore, contre la terreur et son arme inlassable, malgré leurs déchirements personnels, tous les hommes qui, ne pouvant être des saints et refusant d'admettre les fléaux, s'efforcent cependant d'être des médecins."*

A l'Opéra

Ils étaient allés à l'Opéra municipal où l'on jouait l'Orphée de Glück. Cottard avait invité Tarrou. Il s'agissait d'une troupe qui était venue, au printemps de la peste, donner des représentations dans notre ville. Bloquée par la maladie, cette troupe s'était vue contrainte, après accord avec notre Opéra, de rejouer son spectacle, une fois par semaine. Ainsi, depuis des mois, chaque vendredi, notre théâtre municipal retentissait des plaintes mélodieuses d'Orphée et des appels impuissants d'Eurydice. Cependant, ce spectacle continuait de connaître la faveur du public et faisait toujours de grosses recettes. Installés aux places les plus chères, Cottard et Tarrou dominaient un parterre gonflé à craquer par les plus élégants de nos concitoyens. Ceux qui arrivaient s'appliquaient visiblement à ne pas manquer leur entrée. Sous la lumière éblouissante de l'avant-rideau, pendant que les musiciens accordaient discrètement leurs instruments, les silhouettes se détachaient avec précision, passaient d'un rang à l'autre, s'inclinaient avec grâce. Dans le léger brouhaha d'une conversation de bon ton, les hommes reprenaient l'assurance qui leur manquait quelques heures auparavant, parmi les rues noires de la ville. L'habit chassait la peste. Pendant tout le premier acte, Orphée se plaignit avec facilité; quelques femmes en tuniques commentèrent avec grâce son malheur, et l'amour fut chanté en ariettes. La salle réagit avec une chaleur discrète. C'est à peine si on remarqua qu'Orphée introduisait, dans son air du deuxième acte, des tremblements qui n'y figuraient pas, et demandait avec un léger excès de pathétique, au maître des Enfers, de se laisser toucher par ses pleurs. Certains gestes saccadés qui lui échappèrent apparurent aux plus avisés comme un effet de stylisation qui ajoutait encore à l'interprétation du chanteur. Il fallut le grand duo d'Orphée et d'Eurydice au troisième acte (c'était le moment où Eurydice échappait à son amant) pour qu'une certaine surprise courût dans la salle. Et comme si le chanteur n'avait attendu que ce mouvement du public, ou, plus certainement encore, comme si la rumeur venue du parterre l'avait confirmé dans ce qu'il ressentait, il choisit ce moment pour avancer vers la rampe d'une façon grotesque, bras et jambes écartés dans son costume à l'antique, et pour s'écrouler au milieu des bergeries du décor qui n'avaient jamais cessé d'être anachroniques mais qui, aux yeux des spectateurs, le devinrent pour la première fois, et de terrible façon. Car dans le même temps, l'orchestre se tut, les gens du parterre se levèrent et commencèrent lentement à évacuer la salle, d'abord en silence comme on sort d'une église, le service fini, ou d'une chambre mortuaire après une visite, les femmes rassemblant leurs jupes sortant tête baissée, les hommes guidant leurs compagnes par le coude et leur évitant le heurt des strapontins. Mais, peu à peu, le mouvement se précipita, le chuchotement devint exclamation et la foule afflua vers les sorties et s'y pressa, pour finir par s'y bousculer en criant. Cottard et Tarrou, qui s'étaient seulement levés, restaient seuls en face d'une des images de ce qui était leur vie d'alors: la peste sur la scène sous l'aspect d'un histrion désarticulé et, dans la salle, tout un luxe devenu inutile, sous la forme d'éventails oubliés et de dentelles traînant sur le rouge des fauteuils.

Questions:

1 Que savez-vous de la vie de Camus?
2 Nommez quelques-uns de ses ouvrages.
3 Quel roman décrit le monde absurde?
4 Expliquez le titre.
5 Qu'est-ce qui fait la grandeur de Sisyphe?
6 Parlez de *La Peste*.
7 Comment le docteur Rieux voit-il l'Homme?
8 Qu'est-ce qu'il entend par "médecin"?
9 Expliquez la phrase du fragment: "L'habit chassait la peste"?
10 Qu'est-ce qui arrive au troisième acte?
11 Comment est-ce que le public quitte la salle?

38   Jean Anouilh

(1910)

Vie et Oeuvre. Jean Anouilh est né à Bordeaux, où son père était tailleur. Après le collège, il fait des études de droit qu'il interrompt pour aller travailler dans une maison de publicité. Mais le théâtre l'attire: il devient secrétaire de Louis Jouvet et assiste à la création de la première pièce de Giraudoux, *Siegfried* (1928), qui lui révèle sa vocation. Désormais il se vouera au théâtre.

Anouilh divise son théâtre en plusieurs catégories:
— pièces roses: *Bal des Voleurs* (1938),
                     Léocadia (1939);
— pièces noires: *Le Voyageur sans bagages* (1937),
                     La Sauvage (1938), *Antigone* (1944);
— pièces brillantes: *La Répétition* (1950);
— pièces costumées: *L'Alouette* (1953), *Becket* (1959).

Anouilh a subi l'influence de Giraudoux, mais il appartient à une autre génération: celle de Sartre et de Camus dont il partage le désespoir et la révolte. Ses personnages sympathiques sont des êtres purs qui se révoltent contre les laideurs de la vie, qui refusent le compromis et le bonheur facile. Le langage d'Anouilh, souvent familier ou grinçant est "antilyrique".

Becket ou l'honneur de Dieu, 1959. Les deux personnages principaux sont le roi Henri II Plantagenêt et le saxon Becket. Une grande amitié unit les deux hommes jusqu'au jour où le roi nomme son ami archevêque de Cantorbéry, malgré l'avertissement de Becket: *"je ne saurai servir Dieu et vous."* En effet, à partir de ce moment Becket défend l'honneur de Dieu contre le roi, et doit même s'exiler. Une réconciliation a lieu, mais quand Becket, à son retour, est acclamé par une foule enthousiaste, le roi est hors de lui et demande sa mort. Alors quatre barons tuent l'archevêque dans sa cathédrale.

Dans le fragment suivant il est question d'une jeune fille, Gwendoline, que Becket a dû livrer au roi. Elle s'est suicidée.

Tentative de réconciliation

Une vaste plaine aride, battue par les vents. Des seigneurs et des hommes d'armes, tous à cheval, sont massés d'un côté de la scène, ils sont tous tournés vers le fond du décor, comme s'ils regardaient quelque chose. Un garde au premier plan, à un autre plus jeune:

Le Garde	Ouvre tes mirettes, petite tête! Et fourre-t'en jusque là! Tu es nouveau dans le métier, mais c'est pas tous les jours que tu reverras ce que tu vois. C'est une entrevue historique.
Le Plus Jeune	N'empêche qu'il fait rudement froid! Ils vont nous faire poireauter longtemps?
Le Garde	Nous, on est protégés par la corne du bois, mais eux, en plein milieu de la plaine, dis-toi qu'ils ont encore plus froid que nous.
Le Plus Jeune	Il monte bien, l'archevêque, pour un curé! Mais, d'ici à ce que sa jument le foute par terre, il n'y a qu'un pas. Elle est mauvaise, la carne! Regarde ça!
Le Garde	Laisse-le faire. Avant d'être curé, c'est un gars qui gagnait tous les tournois.
Le Plus Jeune	*(après un temps)* Ça y est. Ils se sont rejoints. Qu'est-ce que tu crois qu'ils se disent?
Le Garde	Tu te figures peut-être qu'ils se demandent des nouvelles de leur famille, couillon? Ou qu'ils se plaignent de leurs engelures? Le sort du monde, qu'ils débattent en ce moment! Des choses que toi et moi on n'y comprendra jamais rien. Même les mots dont ils se servent, ces gros bonnets-là, tu les comprendrais pas!

Le noir. Puis la lumière. Tout le monde a disparu. Il n'y a plus, au milieu de la plaine, que Becket et le roi à cheval, l'un en face de l'autre. On entendra, pendant toute la scène, le vent d'hiver, comme une mélopée aiguë sous leurs paroles. Pendant leurs silences, on n'entendra plus que lui.

Le Roi	Tu as vieilli, Thomas.
Becket	Vous aussi, Altesse. Vous n'avez pas trop froid?
Le Roi	Si. Je pèle de froid. Tu dois être content, toi! Tu es dans ton élément. Et tu es pieds nus, en plus?
Becket	*(sourit)* C'est ma nouvelle coquetterie.

Le Roi	Avec mes poulaines fourrées, je crève d'engelures. Tu n'en as pas?
Becket	(*doucement*) Si, bien sûr.
Le Roi	(*ricane*) Tu les offres à Dieu, au moins, saint moine?
Becket	(*grave*) J'ai mieux à lui offrir.
Le Roi	(*crie soudain*) Si nous commençons tout de suite, nous allons nous disputer! Parlons de choses indifférentes. Tu sais que mon fils a quatorze ans? Il est majeur.
Becket	Il s'est amélioré?
Le Roi	Un petit imbécile, sournois comme sa mère. Ne te marie jamais, Becket!
Becket	(*sourit*) La question est réglée maintenant. Et par Votre Altesse. C'est elle qui m'a fait ordonner prêtre.
Le Roi	(*crie encore*) Ne commençons pas encore, je te dis! Parlons d'autre chose.
Becket	(*demande, léger*) Votre Altesse a beaucoup chassé?
Le Roi	(*furieux*) Tous les jours. Et cela ne m'amuse plus.
Becket	Elle a de nouveaux faucons?
Le Roi	(*furieux*) Les plus chers! Mais ils volent mal.
Becket	Et les chevaux?
Le Roi	Le sultan m'a envoyé quatre étalons superbes pour le dixième anniversaire de mon règne. Mais ils foutent tout le monde par terre. Personne n'a encore pu les monter.
Becket	(*sourit*) Il faudra que je vienne voir ça un jour.
Le Roi	Ils te foutront par terre comme les autres! Et on verra ton cul sous ta robe. Du moins, je l'espère, ou ça serait à désespérer de tout!
Becket	(*après un petit temps*) Vous savez ce que je regrette le plus, Altesse? Ce sont les chevaux.
Le Roi	Et les femmes?
Becket	(*simplement*) J'ai oublié.
Le Roi	Hypocrite! Tu es devenu hypocrite en devenant curé. (*Il demande soudain:*) Tu l'aimais, Gwendoline?
Becket	J'ai oublié aussi.
Le Roi	Tu l'aimais! C'est la seule explication que j'ai trouvée.
Becket	(*grave*) Non, mon prince, en mon âme et conscience, je ne l'aimais pas.
Le Roi	Alors, tu n'as jamais rien aimé, c'est pire. (*Il demande, bourru:*) Pourquoi m'appelles-tu ton prince, comme autrefois?
Becket	(*doucement*) Parce que vous êtes resté mon prince.
Le Roi	(*crie*) Alors, pourquoi me fais-tu mal?
Becket	(*à son tour doucement*) Parlons d'autre chose.

Le Roi	De quoi? J'ai froid.
Becket	Je vous ai toujours dit, mon prince, qu'il fallait lutter contre le froid avec les armes du froid. Mettez-vous nu tous les matins et lavez-vous à l'eau froide.
Le Roi	Je l'ai fait autrefois, quand tu étais là pour m'y obliger. Maintenant, je ne me lave plus. Je pue! Un temps, je me suis laissé pousser la barbe. Tu l'as su?
Becket	(*sourit*) Oui. J'ai bien ri.
Le Roi	Après, je l'ai coupée, parce que cela me grattait. (*Il crie, soudain, comme un enfant perdu.*) Je m'ennuie, Becket!
Becket	(*grave*) Mon prince. Je voudrais tant pouvoir vous aider.
Le Roi	Qu'est-ce que tu attends? Tu vois que je suis en train d'en crever!
Becket	(*doucement*) Que l'honneur de Dieu et l'honneur du roi se confondent.
Le Roi	Cela risque d'être long!
Becket	Oui. Cela risque d'être long.
	Il y a un silence. On n'entend plus que le vent.
Le Roi	(*soudain*) Si on n'a plus rien à dire, il vaut autant aller se réchauffer!
Becket	On a tout à se dire, mon prince. L'occasion ne se présentera peut-être pas deux fois.
Le Roi	Alors, fais vite. Sinon, c'est deux statues de glace qui se réconcilieront dans un froid définitif. Je suis ton roi, Becket! Et tant que nous sommes sur cette terre, tu me dois le premier pas. Je suis prêt à oublier bien des choses, mais pas que je suis roi. C'est toi qui me l'as appris.
Becket	(*grave*) Ne l'oubliez jamais, mon prince. Fût-ce contre Dieu! Vous, vous avez autre chose à faire. Tenir la barre du bateau.
Le Roi	Et toi, qu'est-ce tu as à faire?
Becket	J'ai à vous résister de toutes mes forces, quand vous barrez contre le vent.
Le Roi	Vent en poupe. Becket? Ce serait trop beau! C'est de la navigation pour petites filles. Dieu avec le roi? Ça n'arrive jamais. Une fois par siècle, au moment des croisades, quand, toute la chrétienneté crie: "Dieu le veut! Et encore! Tu sais comme moi quelle cuisine cela cache une fois sur deux, les croisades. Le reste du temps, c'est vent debout. Et il faut bien qu'il y en ait un qui se charge des bordées!

Becket	Et un autre qui se charge du vent absurde — et de Dieu. La besogne a été, une fois pour toutes, partagée. Le malheur est qu'elle l'ait été entre nous deux, mon prince, qui étions amis.
Le Roi	(*crie, avec humeur*) Le roi de France — je ne sais pas encore ce qu'il y gagne — m'a sermonné pendant trois jours pour que nous fassions notre paix. A quoi te servirait de me pousser à bout?
Becket	A rien.
Le Roi	Tu sais que je suis le roi et que je dois agir comme un roi. Qu'espères-tu? Ma faiblesse?
Becket	Non. Elle m'atterrerait.
Le Roi	Me vaincre par force?
Becket	C'est vous qui êtes la force.
Le Roi	Me convaincre?
Becket	Non plus. Je n'ai pas à vous convaincre. J'ai seulement à vous dire non.
Le Roi	Il faut pourtant être logique, Becket!
Becket	Non. Cela n'est pas nécessaire, mon roi. Il faut seulement faire, absurdement, ce dont on a été chargé — jusqu'au bout.
Le Roi	Je t'ai bien connu tout de même! Dix ans, petit Saxon! A la chasse, au plaisir, à la guerre. Absurdement. Voilà un mot qui ne te ressemble pas.
Le Roi	Peut-être. Je ne me ressemble plus.
Becket	(*ricane*) Tu as été touché par la grâce?
Becket	(*grave*) Pas par celle que vous croyez. J'en suis indigne.
Le Roi	Tu t'es senti redevenir saxon, malgré les bons sentiments collaborateurs du papa?
Becket	Même pas.
Le Roi	Alors?
Becket	Je me suis senti chargé de quelque chose tout simplement, pour la première fois, dans cette cathédrale vide, quelque part en France, où vous m'avez ordonné de prendre ce fardeau. J'étais un homme sans honneur. Et, tout d'un coup, j'en ai eu un, celui que je n'aurais jamais imaginé devoir devenir mien, celui de Dieu. Un honneur incompréhensible et fragile, comme un enfant-roi poursuivi. (...)
Le Roi	Tu t'es mis à aimer Dieu? (*Il crie:*) Tu es donc resté le même, sale tête, à ne pas répondre quand on te pose une question?
Becket	(*doucement*) Je me suis mis à aimer l'honneur de Dieu.

Ionesco à 9 ans avec sa mère et sa soeur
Eugène et Rodica Ionesco à Spelète

Dans
Amédée ou Comment
s'en débarrasser
(1954)
Ionesco
nous montre un
couple dont l'amour
mort est symbolisé
par un cadavre qui
grandit tellement
qu'il finit
par occuper
toute la scène.
(page 167)

Questions:

1 Comment divise-t-on le théâtre d'Anouilh?
2 De qui a-t-il subi l'influence?
3 Parlez de ses personnages.
4 Qui sont les personnages principaux de *Becket*?
5 Cherchez quelques expressions familières dans la conversation des gardes.
6 Comparez la dernière réplique du garde à la conversation de Becket et du roi.
7 Quel est le caractère du roi?
8 De quoi est-ce qu'il se plaint?
9 Quelle est la seule explication qu'il a trouvée de leur querelle?
10 En quoi est-ce que Becket ressemble aux autres personnages d'Anouilh?

39   Boris Vian

(1920—1959)

Quand la maladie de coeur, dont il souffre depuis l'âge de 12 ans, l'emporte en 1959, Vian est surtout connu pour avoir écrit un roman qu'il prétendait avoir traduit de l'américain. Ce roman, qui date de l'époque où il fréquentait les caves "existentialistes" de Saint-Germain des Prés, fit scandale.

La critique ne découvre le vrai Vian qu'après sa mort. On réédite ses livres *L'Ecume des Jours*, *L'Automne à Pékin*, *L'Herbe rouge*, *L'Arrache-coeur*, romans écrits aux environs de 1950. Le monde où se passent ces romans a un air d'irréalité par la fantaisie du langage et les inventions burlesques de l'auteur.

Mais Vian n'est pas seulement romancier. Il a écrit plus de 400 chansons, plusieurs pièces de théâtre, comme *Les Bâtisseurs d'empire*, qui appartient au théâtre de l'absurde.

Mais écoutons Vian lui-même:

Conversation avec un adjudant

(*d'opérette, cela va de soi*)
— Vot' nom?
— Vian, n'adjudant.
— Vot' prénom?
— Boris, n'adjudant.
— Z'êtes étranger? Z'êtes arménien? Z'êtes encore un de ces métèques?
— Hélas non, n'adjudant. Né natif de Ville-d'Avray, Seine-et-Oise. — Prénom du père: Paul, prénom de la mère: Yvonne, et selon toutes probabilités, Vian vient de Viana, d'Italie, de la soeur latine, quoi.
— Z'êtes pas le cousin de l'amiral Philip Vian?
— Malheureusement non, n'adjudant. Suis pas le parent de gens illustres, sauf que mes grands-parents, qu'étaient ferronniers et bronziers d'art, dans le solide et le sérieux, ont dû fabriquer les grilles de la

propriété d'Edmond Rostand, à Arnaga; et, chose extrêmement bizarre, c'est par Jean Rostand, dont nous étions les voisins à Ville-d'Avray, que je suis venu à la littérature...

— Ah! vous faites dans la littérature... J'aurais dû m'en douter.

— Oh! je fais dans pas mal de choses, n'adjudant, ingénieur, auteur, traducteur, musicien, journaliste, interprète, jazzologue, et maintenant directeur artistique d'une maison de disques.

— Ouais... je vois... bon à tout, bon à rien.. Qui trop embrasse mal étreint, comme on dit.

— Ça dépend des bras qu'on a, n'adjudant... Regardez les miens... Je suis bâti comme un singe... Fait pour la culture qui vous courbe sur la glèbe glabre.

— Foutez pas d'moi ou j'vous fous d'dans... Moi, quand j'entends parler de culture, j'sors mon revolver.

— C'est pas de vous, ça, n'adjudant...

— Ça servira pareil! Les intellectuels, je les emm...

— Dites voir, n'adjudant, l'individu qui a inventé ce revolver sans lequel vous ne pourriez plus rien faire, vous ne croyez pas qu'il était un petit peu intellectuel?

— Répétez votre truc?

— Et celui ou ceux qui ont inventé ce langage dont auquel vous vous en servez si bien, n'adjudant, ça serait-y pas des intellectuels?

— Où s'que vous voulez en venir?

— Et l'inventeur des grades dans l'armée ou chez les curetons, ce qui revient sensiblement au même, vu que le sabre est le fournisseur du goupillon, il aurait pas gambergé plus fort que le voisin?

— Les petits malins comme vous, ça m'impressionne pas! Je connais la chanson!

— Eh ben, pas moi... alors je vais m'y mettre, n'adjudant... Faut que je m'élève vers vous pisque vous voulez pas vous abaisser jusqu'à moi... Je vais vous concocter un manuel de l'aspirant chansonnier, que vous m'en direz des nouvelles...

— Rompez!

— D'accord, n'adjudant, je me casse!...

Les pompiers

Patrick grattait désespérément l'allumette sur le mur dont la peinture un peu éraillée fournissait un frottoir de choix. Au sixième aller et retour, elle cassa net et il s'arrêta, car il ne connaissait pas encore l'art de se brûler les doigts en allumant le petit bout trop court.

En chantant une chanson où revenait souvent le nom de Jésus, il s'achemina vers la cuisine. Ses parents préféraient en effet que les allumettes se trouvassent au voisinage du réchaud à gaz plutôt qu'au fond du placard à jouer, ce contre quoi Patrick ne pouvait qu'émettre une protestation morale, car il n'était pas le plus fort. Quant au nom de Jésus, c'était une récrimination supplémentaire et gratuite, une espèce de perfectionnement, car personne n'allait à la messe dans la maison.

Se haussant sur la pointe des pieds, il souleva le couvercle de la petite boîte en fer et prit un des légers fétus soufrés. Un seul à la fois: on n'a pas tellement l' occasion de marcher.

Puis il refit en sens inverse le trajet de la cuisine au salon.

Quand j'entrai, le feu avait convenablement pris aux rideaux qui brûlaient avec une belle flamme claire. Assis au milieu du salon, Pat se demandait s'il fallait vraiment rigoler.

En voyant ma mine intéressée, il se décida pour la grimace vers le bas. "Ecoute, lui dis-je. Ou bien ça t'amusait et alors ce n'est pas la peine de pleurer, ou bien ça ne t'amuse pas et alors je ne sais pas pourquoi tu l'as fait.

— Ça ne m'amusait pas tellement, dit-il, mais une allumette, c'est fait pour allumer."

Sur quoi, il se mit à pleurer comme un veau.

Pour lui prouver que je ne prenais pas ça au tragique, j'adoptai un ton léger.

"T'en fais pas, dis-je. Moi aussi, quand j'avais six ans, j'ai mis le feu à des vieux bidons d'essence.

— Moi, j'en avais pas. Il a bien fallu que je prenne ce que j'ai trouvé.

— Viens dans la salle à manger, dis-je, et oublions le passé.

— On va jouer aux petites autos, dit-il ravi. Ça fait au moins trois jours qu'on n'a pas joué aux petites autos."

Nous quittâmes le salon dont je fermai discrètement la porte. Les rideaux avaient complètement brûlé maintenant et le feu commençait à attaquer le tapis.

"Allons, dis-je. Tu prends les bleues et moi les rouges."

Il me regarda pour s'assurer que je ne pensais plus au feu, et, satisfait, déclara:

"Je vais te flanquer la tripotée."

Après une heure de petites autos et une interminable discussion sur l'opportunité d'une revanche, je réussis à le guider vers sa chambre où sa boîte de peinture l'attendait, lui assurai-je, avec une impatience fébrile. Puis muni d'un drap, je m'introduisis dans le salon pour étouffer ce début d'incendie qu'en aucun cas je ne voulais prendre au tragique. On n'y voyait plus rien, car une lourde fumée noire empuantissait l'atmosphère. Je cherchai à déterminer si l'odeur de la laine brûlée l'emportait sur celle de la peinture cuite et je conclus par une quinte de toux qui me laissa pantelant. Soufflant et crachant, je m'entortillai la tête avec le drap et la détortillai presque aussitôt, car le drap en question venait de prendre feu.

L'air était traversé de lueurs fuligineuses et le plancher craquait et sifflait. Des flammes joyeuses sautaient de-ci, de-là, communiquant leur chaleur à ce qui ne brûlait pas encore. Sentant une langue ardente s'introduire dans le bas de mon pantalon, je battis en retraite et je fermai la porte. De retour dans la salle à manger j'allai jusqu'à la chambre de mon fils.

Ça brûle très bien, lui dis-je. Viens, on va appeler les pompiers."

Je m'approchai de la tablette qui supportait le téléphone et composai le numéro 17.

"Allô? dis-je.

— Allô? me répondit-on.

— Il y le feu chez moi.

— Quelle adresse?"

J'indiquai la latitude, la longitude et l'altitude de l'appartement.

"Bon, me répondit-on. Je vous passe vos pompiers.

— Merci", dis-je.

J'obtins rapidement la communication nouvelle et je me félicitais de ce que les services postaux fonctionnassent si remarquablement, lorsqu' une voix enjouée m'interpella.

"Allô?"

— Allô? dis-je. Les pompiers?

— Un des pompiers, me répondit-on.

— Il y a le feu chez moi, dis-je.

— Vous avez de la chance, me répondit le pompier. Voulez-vous prendre rendez-vous?

— Vous ne pouvez pas venir tout de suite? demandai-je.

— Impossible, Monsieur, dit-il. Nous sommes surchargés en ce moment, il y a des incendies partout. Après-demain à trois heures, c'est tout ce que je peux faire pour vous.

— D'accord, dis-je. Merci. A après-demain.

— Au revoir, Monsieur, dit-il. Laissez pas s'éteindre votre feu".

J'appelai Pat.

"Fais ta valise, lui dis-je. On va aller passer quelques années chez tante Surinam.

— Chouette! s'exclama Pat.

— Tu vois, lui dis-je, tu as eu tort de mettre le feu aujourd'hui, on ne pourra pas avoir les pompiers avant deux jours. Sans ça, tu aurais vu ces voitures!...

— Ecoute, dit Pat, oui ou non, les allumettes sont-elles faites pour allumer?

— Naturellement, dis-je. A quoi veux-tu qu'elles servent?

— Le type qui les a inventées est un fameux crétin, dit Pat. Avec une allumette, on ne devrait pas pouvoir "tout" allumer.

— Tu as raison, dis-je.

— Enfin, conclut-il. Tant pis. Viens jouer. Ce coup-ci c'est toi qui prendras les bleues.

— On jouera dans le taxi, dis-je. Grouille-toi."

Questions:

1 Nommez quelques romans de Vian.
2 Qu'est-ce qui caractérise ces romans?
3 Quels sont les métiers que Vian nomme dans la conversation avec l'adjudant?
4 L'adjudant est un homme borné et stupide. Montrez-le.
5 Qu'est-ce que veut dire: "le sabre est le fournisseur du goupillon?"
6 Pourquoi est-ce que Patrick a mis le feu aux rideaux?
7 Quelle est la réaction du père?
8 Est-ce qu'il appelle les pompiers tout de suite?
9 Quand il les appelle, viennent-ils immédiatement?
10 Donnez quelques exemples de l'humour de Vian dans ce récit.

40   Le théâtre de l'absurde

Le théâtre n'est pas le premier genre littéraire à exprimer l'absurdité du monde moderne. Ce sentiment de l'absurde est né de l'angoisse de l'homme du XXe siècle qui a vécu deux guerres mondiales. Le nouveau théâtre naît vers 1950. Les principaux auteurs sont: *Samuel Becket, Georges Adamov* et *Eugène Ionesco,* tous les trois d'origine non-française.

Ce qui frappe d'abord dans ce théâtre, c'est la *solitude* des personnages et l'absence de communication entre les hommes. Le fragment qui va suivre symbolise cette solitude. Il s'agit de deux époux qui ne se reconnaissent même plus.

Le *langage,* moyen de communication, ne nous permet plus d'atteindre l'autre. Chez Ionesco parler est une activité absurde, car le langage quotidien est absolument inadéquat. Il montre le non-sens des lieux communs dont nous nous servons si fréquemment.

Mais ce qui est d'abord matière à rire, devient par la suite tragique. Dans *Rhinocéros* (1960), où tous les habitants d'une petite ville se transforment peu à peu en rhinocéros, le personnage principal, Bérenger, qui, seul, refuse de perdre son individualité, cherche désespérément à entrer en relations avec ses concitoyens:

"D'abord, pour les convaincre, il faut que j'apprenne leur langue. Ou qu'ils apprennent la mienne. Mais quelle langue est-ce que je parle? On peut appeler ça du français, si on veut, personne ne peut le contester, je suis seul à le parler."

La Cantatrice chauve, 1950. C'est une des premières pièces de Ionesco. Elle nous montre une famille anglaise, M. et Mme Smith, après le dîner quotidien. Ils reçoivent la visite de la famille Martin, puis du Capitaine des Pompiers. Leur conversation devient de plus en plus incompréhensible et finit par des cris.

Scene III

Mary, la bonne.
Les époux Martin.

Mary Pourquoi êtes-vous venus si tard? Vous n'êtes pas polis. Il faut venir à l'heure. Compris? Asseyez-vous quand même là, et attendez maintenant.

Scene IV

Les mêmes, moins Mary.

M. Martin Mes excuses, Madame, mais il me semble, si je ne me trompe, que je vous ai déjà rencontrée quelque part.

Mme Martin A moi aussi, Monsieur, il me semble que je vous ai déjà rencontré quelque part.

M. Martin Ne vous aurais-je pas déjà aperçue, Madame, à Manchester, par hasard?

Mme Martin C'est très possible. Moi, je suis originaire de la ville de Manchester, je ne pourrais pas dire si je vous y ai aperçu, ou non!

M. Martin Mon Dieu, comme c'est curieux! Moi aussi, je suis originaire de la ville de Manchester, Madame!

Mme Martin Comme c'est curieux!

M. Martin Comme c'est curieux!... seulement, moi Madame, j'ai quitté la ville de Manchester, il y a cinq semaines, environ.

Mme Martin Comme c'est curieux! Quelle bizarre coïncidence! Moi, aussi, Monsieur, j'ai quitté la ville de Manchester, il y a cinq semaines, environ.

M. Martin J'ai pris le train d'une demie après huit le matin, qui arrive à Londres à un quart avant cinq. Madame.

Mme Martin Comme c'est curieux! comme c'est bizarre! et quelle coïncidence! J'ai pris le même train, Monsieur, moi aussi!

M. Martin Mon Dieu, comme c'est curieux! peut-être bien alors, Madame, que je vous ai vue dans le train?

Mme Martin C'est bien possible, ce n'est pas exclu, c'est plausible, et après tout, pourquoi pas!...

M. Martin Je voyageais en deuxième classe, Madame. Il n'y a pas de deuxième classe en Angleterre, mais je voyage quand même en deuxième classe.

Mme Martin	Comme c'est bizarre, que c'est curieux, et quelle coïncidence! moi aussi, Monsieur, je voyageais en deuxième classe!
M. Martin	Comme c'est curieux!... J'avais la place no. 3, près de la fenêtre, chère Madame.
Mme Martin	Oh, mon Dieu, comme c'est curieux et comme c'est bizarre, j'avais la place no. 6, près de la fenêtre, en face de vous, cher Monsieur.
M. Martin	Oh, mon Dieu, comme c'est curieux et quelle coïncidence!... Nous étions donc vis-à-vis, chère Madame! C'est là que nous avons dû nous voir!
Mme Martin	Comme c'est curieux! C'est possible mais je ne m'en souviens pas, Monsieur!
M. Martin	A vrai dire, chère Madame, moi non plus je ne m'en souviens pas. Cependant, il est très possible que nous nous soyons vus à cette occasion.
Mme Martin	C'est vrai, mais je n'en suis pas sûre du tout, Monsieur.
M. Martin	Ce n'était pas vous, chère Madame, la dame qui m'avait prié de mettre sa valise dans le filet et qui ensuite m'a remercié et m'a permis de fumer?
Mme Martin	Mais si, ça devait être moi, Monsieur! comme c'est curieux, comme c'est curieux et quelle coïncidence!
M. Martin	Depuis que je suis arrivé à Londres, j'habite rue Bromfield, chère Madame.
Mme Martin	Comme c'est curieux, comme c'est bizarre! moi aussi, depuis mon arrivée à Londres, j'habite rue Bromfield, cher Monsieur.
M. Martin	Comme c'est curieux, mais alors, mais alors, nous nous sommes peut-être rencontrés rue Bromfield, chère Madame.
Mme Martin	Comme c'est curieux; comme c'est bizarre! c'est bien possible, après tout! Mais je ne m'en souviens pas, cher Monsieur.
M. Martin	Je demeure au no. 19, chère Madame.
Mme Martin	Comme c'est curieux, moi aussi j'habite au no. 19, cher Monsieur.
M. Martin	Mais alors, mais alors, mais alors, mais alors, mais alors, nous nous sommes peut-être vus dans cette maison, chère Madame.
Mme Martin	C'est bien possible, mais je ne m'en souviens pas, cher Monsieur.
M. Martin	Mon appartement est au cinquième étage, c'est le no. 8, chère Madame.

Mme Martin	Comme c'est curieux, mon Dieu, comme c'est bizarre! et quelle coïncidence! moi aussi j'habite au cinquième étage dans l'appartement no. 8, cher Monsieur.
M. Martin	Comme c'est curieux, comme c'est curieux, comme c'est curieux et quelle coïncidence! vous savez, dans ma chambre à coucher, j'ai un lit. Mon lit est couvert d'un édredon vert. Cette chambre, avec ce lit et son édredon vert, se trouve au fond du corridor, entre les water et la bibliothèque, chère Madame!
Mme Martin	Quelle coïncidence, ah mon Dieu, quelle coïncidence! Ma chambre à coucher a, elle aussi, un lit avec un édredon vert et se trouve au fond du corridor, entre les water, cher Monsieur, et la bibliothèque.
M. Martin	Comme c'est bizarre, curieux, étrange! alors, Madame, nous habitons dans la même chambre et nous dormons dans le même lit, chère Madame. C'est peut-être là que nous nous sommes rencontrés!
Mme Martin	Comme c'est curieux, et quelle coïncidence! C'est bien possible que nous nous y soyons rencontrés, et peut-être même la nuit dernière. Mais je ne m'en souviens pas, cher Monsieur!
M. Martin	J'ai une petite fille, ma petite fille, elle habite avec moi, chère Madame. Elle a deux ans, elle est blonde, elle a un oeil blanc et un oeil rouge, elle est très jolie, elle s'appelle Alice, chère Madame.
Mme Martin	Quelle bizarre coïncidence! moi aussi j'ai une petite fille, elle a deux ans, un oeil blanc et un oeil rouge, elle est très jolie et s'appelle Alice, cher Monsieur!
M. Martin	Comme c'est curieux et quelle coïncidence! et bizarre! c'est peut-être la même, chère Madame!
Mme Martin	Comme c'est curieux! c'est bien possible cher Monsieur.
M. Martin	Alors chère Madame, je crois qu'il n'y a pas de doute, nous nous sommes déjà vus et vous êtes ma propre épouse . . . Elisabeth, je t'ai retrouvée!
Mme Martin	Donald, c'est toi, darling!

Scene V

Les mêmes et Mary.

Mary	Elisabeth et Donald sont, maintenant, trop heureux pour pouvoir m'entendre. Je puis donc vous révéler

un secret. Elisabeth n'est pas Elisabeth, Donald n'est pas Donald. En voici la preuve: l'enfant dont parle Donald n'est pas la fille d'Elisabeth, ce n'est pas la même personne. La fillette de Donald a un oeil blanc et un autre rouge tout comme la fillette d'Elisabeth. Mais tandis que l'enfant de Donald a l'oeil blanc à droite et l'oeil rouge à gauche, l'enfant d'Elisabeth lui, a l'oeil rouge à droite et le blanc à gauche! Ainsi tout le système d'argumentation de Donald s'écroule en se heurtant à ce dernier obstacle qui anéantit toute sa théorie. Malgré les coïncidences extraordinaires qui semblent être des preuves définitives, Donald et Elisabeth n'étant pas les parents du même enfant ne sont pas Donald et Elisabeth. Il a beau croire qu'il est Donald, elle a beau se croire Elisabeth. Il a beau croire qu'elle est Elisabeth. Elle a beau croire qu'il est Donald: ils se trompent amèrement. Mais qui est le véritable Donald? Quelle est la véritable Elisabeth? Qui donc a intérêt à faire durer cette confusion? Je n'en sais rien. Ne tâchons pas de le savoir. Laissons les choses comme elles sont. Mon vrai nom est Sherlock Holmès.

Questions:

1 Nommez quelques auteurs de ce théâtre.
2 Quels en sont les thèmes?
3 Parlez de la crise du langage chez Ionesco.
4 Citez deux de ses pièces.
5 Quelle est la signification du fragment reproduit?

41 Le nouveau roman
Michel Butor
(1926)

Le roman traditionnel, celui de Stendhal et de Mauriac, poursuit toujours sa carrière. C'est le roman psychologique: les événements se groupent chronologiquement autour d'un personnage central.

Aux environs de 1930 on a vu apparaître le roman de la condition humaine. Les personnages de ces romans ne nous intéressent pas tellement du point de vue psychologique — on apprend très peu sur leur vie antérieure — que par leur attitude envers la vie. Par ce moyen l'auteur nous donne sa vision des événements (roman engagé).

Un nouveau type de roman, le *Nouveau Roman*, apparaît vers 1955. Il est une réaction contre les préoccupations idéologiques du roman engagé, mais aussi contre l'anecdote et l'explication facile de la réalité que donne le roman traditionnel.

Pour les jeunes auteurs (*Robbe-Grillet, Butor*) le monde est plus complexe. Ils tâchent de reconstituer la réalité fragmentairement, en regardant attentivement les objets qui s'imposent les premiers dans un monde inexpliqué. Le Nouveau roman est souvent d'un accès difficile. Ceux de *Michel Butor* (1926) sont les plus abordables: *La Modification* (1957), *Degrés* (1960).

La Modification, 1957. Le sujet de ce roman est banal: un homme d'affaires fait un voyage en chemin de fer à Rome pour annoncer à sa maîtresse (Cécile) qu'il quittera sa femme (Henriette).

Au début du voyage, sa décision est ferme, mais quand il arrive à Rome il renonce à son projet.

L'auteur décrit tous les personnages et tous les objets qu'il voit dans le train. Mais il évoque aussi ce qui se passe dans la conscience du personnage: souvenirs, anticipations sur l'avenir, impressions, tout ce qui contribue à la "modification".

L'emploi du "vous" touche directement le lecteur.

Mardi prochain, lorsque harassé par votre voyage en troisième classe vous aurez ouvert avec votre clé la porte de l'appartement, quinze place du Panthéon, vous trouverez Henriette en train de coudre à vous attendre, qui vous demandera comment s'est passé ce séjour, et vous lui répondrez: "Comme tous les autres".

C'est alors qu'il vous faudra prendre garde de ne pas vous trahir, car elle vous observera terriblement, et sans doute il est vain d'espérer qu' elle puisse croire cette phrase-là; ne le sait-elle pas déjà, que ce n'est pas un voyage comme les autres? Parviendrez-vous à lui masquer ce sourire de triomphe que vous aurez, à la laisser suffisamment dans l'ignorance, dans l'incertitude de ce qui s'est passé exactement, de ce que vous aurez décidé? Il le faudra; il le faudrait; cela serait beaucoup plus sûr ainsi.

Mardi prochain, lorsque vous serez arrivé à Paris, quinze place du Panthéon, dès qu'elle vous aura vu, elle saura que ses craintes, que vos désirs vont se réaliser; il ne sera pas besoin de le lui dire, il n'y aura pas moyen de le lui cacher, et à ce moment-là elle fera tout pour vous arracher des détails, elle vous demandera quand Cécile doit arriver, mais cela, vous ne le savez pas vous-même, vous ne le saurez pas encore à ce moment-là, vous lui direz que vous n'en savez rien, ce qui sera la vérité pure, mais justement elle ne vous croira pas, elle vous harcèlera de questions parlées ou muettes, et il n'y aura qu'un moyen pour vous d'en sortir, ce sera de lui expliquer point par point comment se sont passées les choses. Il aurait mieux valu certes qu'elle n'en sût rien, qu'elle ne se doutât de rien avant l'arrivée de Cécile, mais comme elle saura déjà...

Mardi prochain, lorsque vous trouverez Henriette en train de coudre à vous attendre, vous lui direz avant même qu'elle vous ait demandé quoi que ce soit: "Je t'ai menti, comme tu t'en es bien douté; ce n'est pas pour la maison Scabelli que je suis allé à Rome cette fois-ci, et c'est en effet pour cette raison que j'ai pris le train de huit heures dix et non l'autre, le plus rapide, le plus commode, qui n'a pas de troisième classe; c'est uniquement pour Cécile que je suis allé à Rome cette fois-ci, pour lui prouver que je l'ai choisie définitivement contre toi, pour lui annoncer que j'ai enfin réussi à lui trouver une place à Paris pour lui demander de venir afin qu'elle soit toujours avec moi, afin qu'elle me donne cette vie extraordinaire que tu n'as pas été capable de m'apporter et que moi non plus je n'ai pas su t'offrir; je le reconnais, je suis coupable à ton égard, c'est entendu, je suis prêt à accepter, à approuver tous tes reproches, à me charger de toutes les fautes que tu voudras, si cela peut t'aider le moins du monde à te consoler, à atténuer le choc, mais il est trop tard maintenant, les jeux sont faits, je n'y puis rien changer, ce voyage a eu lieu, Cécile va venir; tu sais bien que je ne suis pas une si grande perte, ce n'est pas la peine de fondre en larmes ainsi..."

Mais vous savez bien qu'elle ne pleurera nullement, qu'elle se contentera de vous regarder sans proférer une parole, qu'elle vous laissera discourir sans vous interrompre, que c'est vous, tout seul, par lassitude, qui vous arrêterez, et qu'à ce moment-là vous vous apercevrez que vous êtes dans votre chambre, qu'elle est déjà couchée, qu'elle est en train de coudre, qu'il est tard, que vous êtes fatigué de ce voyage, qu'il pleut sur la place...

Mardi prochain, lorsque vous entrerez dans sa chambre, en effet vous lui raconterez tout ce voyage et vous lui direz: "J'étais allé à Rome pour prouver à Cécile que je la choisissais contre toi, j'y étais allé dans l'intention de lui demander de venir vivre avec moi définitivement à Paris..."

Alors terrorisée s'élève en vous votre propre voix qui se plaint: ah, non, cette décision que j'avais eu tant de mal à prendre, il ne faut pas la laisser se défaire ainsi; ne suis-je donc pas dans ce train, en route vers Cécile merveilleuse? ma volonté et mon désir étaient si forts...

Il faut arrêter mes pensées pour me ressaisir et me reprendre, rejetant toutes ces images qui montent à l'assaut de moi-même.

Mais il n'est plus temps maintenant, leurs chaînes solidement affermies par ce voyage se déroulent avec le sûr mouvement même du train, et malgré tous vos efforts pour vous en dégager, pour tourner votre attention ailleurs, vers cette décision que vous sentez vous échapper, les voici qui vous entraînent dans leurs engrenages.

Questions

1   Donnez une définition du roman psychologique.
2   Parlez du roman engagé.
3   En quoi le Nouveau Roman s'y oppose-t-il?
4   Citez deux romans de Butor.
5   Expliquez le titre de *la Modification*.
6   L'auteur voit déjà ce qui va arriver après son retour, et il le décrit chaque fois d'une manière différente. Etudiez les réactions des personnages dans les passages qui commencent par "mardi prochain". (Remarquez l'emploi du plus-que-parfait et de l'imparfait dans le quatrième passage).
7   Qu'est-ce qu'on constate à la fin du fragment?

42   Marguerite Duras

1914

Marguerite Duras est née en 1914, en Indochine où elle a vécu jusqu'à l'âge de 17 ans. Devenue membre du parti communiste, elle en est exclue en 1950. Elle doit sa renommée auprès du grand public au succès du film "Hiroshima mon amour" (1960), pour lequel elle a écrit le scénario. Mais elle avait déjà écrit plusieurs romans, dont *Moderato cantabile* (1953) est le plus connu. Pendant les années '60 elle publie e.a. *L'Après-midi de M. Andesmas, L'Amante anglaise, Détruire, dit-elle.*

Dans les livres de Marguerite Duras, fondés sur le thème de l'amour impossible, on ne trouve pas d'analyses psychologiques. Elle observe les personnages et elle décrit leurs gestes, leurs paroles, leurs silences. Le dialogue occupe une grande place dans l'oeuvre de Marguerite Duras. Ces dialogues nous permettent de pénétrer dans la vie intime des personnages.

Moderato Cantabile (1958). Comme tous les vendredis Anne Desbaresdes accompagne son fils chez son professeur de piano. Soudain un cri éclate. Après la leçon elle apprend qu'un homme a tué la femme qu'il aimait dans le bistro d'en bas. Le lendemain elle revient, accompagnée de son fils. Dans le café elle rencontre un homme, Chauvin, témoin du crime. Une conversation s'engage: Pourquoi l'homme a-t-il tué la femme? Pendant plus d'une semaine Anne et Chauvin se parlent dans le bistro. Un jour, Anne, qui boit de plus en plus, rentre ivre chez elle. Deux jours après ils se quittent définitivement:

— Je voudrais que vous soyez morte, dit Chauvin.

— C'est fait, dit Anne Desbaresdes.

En lisant ces mots on pense au crime passionnel du début de ce court roman dans lequel on retrouve les thèmes de Marguerite Duras: *l'amour impossible, l'enfant*, symbole de l'innocence, *un bateau qui passe*, symbole de la liberté, *le vin*, moyen d'échapper à l'ennui de vivre.

Le crépuscule s'était déjà tellement avancé que seul le plafond du café recevait encore un peu de clarté. Le comptoir était violemment éclairé, la salle était dans son ombre. L'enfant surgit, courant, ne s'étonna pas de l'heure tardive, annonça:

— L'autre petit garçon est arrivé.

Dans l'instant qui suivit son départ, les mains de Chauvin s'approchèrent de celles d'Anne Desbaresdes. Elles furent toutes quatre sur la table, allongées.

— Comme je vous le disais, parfois, je dors mal. Je vais dans sa chambre et je le regarde longtemps.

— Parfois encore?

— Parfois encore, c'est l'été et il y a quelques promeneurs sur le boulevard. Le samedi soir surtout, parce que sans doute les gens ne savent que faire d'eux-mêmes dans cette ville.

— Sans doute, dit Chauvin. Surtout des hommes. De ce couloir, ou de votre jardin, ou de votre chambre, vous les regardez souvent.

Anne Desbaresdes se pencha et le lui dit enfin.

— Je crois, en effet, que je les ai souvent regardés, soit du couloir, soit de ma chambre, lorsque certains soirs je ne sais que faire de moi.

Chauvin proféra un mot à voix basse. Le regard d'Anne Desbaresdes s'évanouit lentement sous l'insulte, s'ensommeilla.

— Continuez.

— En dehors de ces passages, les journées sont à heure fixe. Je ne peux pas continuer.

— Nous avons très peu de temps devant nous, continuez.

— Les repas, toujours, reviennent. Et les soirs. Un jour, j'ai eu l'idée de ces leçons de piano.

Ils finirent leur vin. Chauvin en commanda d'autres. Le nombre des hommes au comptoir diminua encore. Anne Desbaresdes but de nouveau comme une assoiffée.

— Déjà sept heures, prévint la patronne.

Ils n'entendirent pas.

Questions:

1   Quels sont les thèmes de l'oeuvre de Marguerite Duras?
2   Qu'est-ce qui nous permet de connaître les personnages?
3   Parlez de *Moderato Cantabile*.
4   Quel geste montre que Chauvin a de l'affection pour Anne?
5   Montrez qu'Anne mène une vie routinière.
6   Pourquoi fait-elle donner des leçons de piano à son enfant?

43   Michel Tournier
(1924)

En 1970 Michel Tournier obtient le prix Goncourt pour son deuxième roman *Le Roi des Aulnes*. Le titre de ce livre est emprunté à une poésie de Goethe, *Erlkönig*. Dans ce livre on trouve plusieurs mythes: celle du Porte-enfant (comme Saint-Christophe, porteur du Christ) et celle de l'Ogre (qui, dans les contes de fées, mange les petits enfants). Le personnage principal, un "géant", est à la fois l'un et l'autre. *"Je n'aurais jamais cru que porter un enfant fût une chose si belle,"* dit-il dans son journal. Mais son amour pour les enfants a aussi un côté négatif. Fait prisonnier de guerre en 1940, il est transporté en Allemagne où il entre au service des nazis. Il s'applique à recruter de jeunes garçons pour une formation militaire intensive. Ils serviront de chair à canon dans l'armée hitlérienne. Ainsi il devient l'Ogre de Kaltenborn.

Le thème du roman *Les Météores* (1975) est la mythe de la gémellité. Les personnages principaux sont deux frères jumeaux, Jean et Paul, qui se ressemblent tant qu'on les appelle Jean-Paul. Mais le jour vient où Jean rompt la cellule gémellaire et part en voyage. Paul le cherche dans le monde entier. A Berlin il a un accident en fuyant à l'Ouest. On doit l'amputer du côté droit, ce qui symbolise le jumeau déparié. Un autre personnage intéressant est l'oncle Alexandre, directeur du service du traitement des ordures ménagères, surnommé "le dandy des gadoues". Son homosexualité — recherche d'un pareil — est la contrefaçon de la jumellité.

Dans le fragment suivant Paul raconte l'arrestation de sa mère, Marie-Barbara.

Il était seize heures et dix-sept minutes ce vingt et un mars 1943, le profil gauche d'Edouard nous entretenait de l'odyssée d'un aviateur anglais tombé en parachute sur le toit d'un immeuble, recueilli, soigné et rapatrié en Grande-Bretagne quand Méline fit irruption dans la pièce avec un visage que personne ne lui avait jamais vu. La naine myxoedémateuse fut sans doute la première à l'apercevoir, car cette muette que personne

177

n'avait jamais entendue proférer un son poussa un hurlement bestial qui nous glaça le sang. Le visage de Méline était gris comme la cendre, un gris uni, sans tache, la couleur sans vie d'un masque de cire vierge. Et dans ce masque les yeux flambaient, ils flambaient d'un éclat où il y avait peut-être de l'horreur, peut-être de la joie et qui n'était sans doute que le reflet d'une terrible et imminente catastrophe.

— M'sieur dame! Les boches! L'armée! Toute l'armée boche qui cerne la maison! Eh là mon Dieu! Il en sort de partout!

Edouard cessa son va-et-vient, il cessa de nous présenter ses profils, il s'arrêta et nous fit face, soudain grandi et anobli par le malheur qui fondait sur nous, sur lui seul, croyait-il.

— Mes enfants, nous dit-il, voici l'épreuve. Je l'attendais. Je savais que tôt ou tard l'ennemi me ferait payer mes activités clandestines. Je n'imaginais pas, je l'avoue, qu'il viendrait me chercher au Guildo, parmi vous. Ici, aux Pierres Sonnantes, je me croyais imprenable, protégé par le rempart de tous mes enfants, innocenté par la présence de Sainte-Brigitte, rendu invulnérable par le rayonnement de Maria-Barbara. Ils viennent. Ils vont m'arrêter, m'emmener. Quand nous reverrons-nous? Nul ne le sait. C'est l'heure du sacrifice. J'ai toujours rêvé d'un sacrifice final. N'est-ce pas une grâce suprême de finir en héros, plutôt qu'en malade, en gâteux, en épave humaine?

Il parla ainsi un temps que je ne puis évaluer, dans un silence menaçant. Même le feu avait cessé de craquer et de fulminer, et il n'y avait plus dans l'âtre que des incandescences immobiles.

Il fut interrompu par l'irruption de deux soldats allemands armés de mitraillettes que suivait un officier tout raide de jeunesse et de zèle.

— Je suis bien chez Mme Maria-Barbara Surin? demanda-t-il avec un regard circulaire.

Edouard s'avança vers lui.

— Je suis Edouard Surin, dit-il. Maria-Barbara est ma femme.

— J'ai un ordre d'arrestation...

Il s'interrompit pour fouiller dans un porte-documents.

— Ne perdons pas de temps en formalités inutiles, je suis à votre disposition, s'impatienta Edouard.

Mais l'officier entendait respecter les formes et ayant enfin trouvé ce qu'il cherchait dans son porte-documents, il récita: "Ordre d'arrestation immédiate de Mme Maria-Barabara Surin, née Marbo, domiciliée à Notre-Dame du Guildo, au lieu-dit les Pierres Sonnantes. Motifs: contacts avec l'ennemi, émissions radiophoniques clandestines à destination de Londres, hébergement d'agents ennemis, ravitaillement de terroristes, dépôts d'armes et de munitions..."

— Ma femme est hors de cause, c'est un absurde malentendu, s'échauffa Edouard. C'est moi, vous entendez, moi seul que vous venez arrêter. D'ailleurs mon activité clandestine à Paris...

— Nous ne sommes pas à Paris, trancha l'officier. Nous sommes au Guildo qui dépend de la Kommandantur de Dinan. Je n'ai aucun ordre vous concernant, monsieur Surin. Nous avons ordre d'arrêter Mme Surin, plus onze ouvrières de vos ateliers et cinq membres du personnel de l'institution de Sainte-Brigitte, compromis comme elle dans des activités contraires aux stipulations de votre armistice. D'ailleurs on est en train de les faire monter dans des camions.

Maria-Barbara avait arrêté son ouvrage par un double noeud de laine, et elle le pliait soigneusement en quatre sur la chaise longue. Puis elle s'approcha d'Edouard.

— Calme-toi, voyons. Tu vois bien que c'est pour moi qu'on vient, lui dit-elle comme si elle parlait à un enfant.

Edouard était abasourdi par ce qu'il voyait et qui ressemblait à une sorte d'entente par-dessus sa tête entre sa femme et l'officier allemand. Car lorsque l'Allemand faisait allusion à un émetteur radio clandestin découvert dans les combles de l'abbatiale, à des hommes amenés par marée haute en sous-marins, débarqués dans l'île des Hébilieus et gagnant la côte par marée basse déguisés en ramasseurs de coquillages, à des caisses d'explosifs trouvées dans une grotte de la falaise des Pierres Sonnantes, à un maquis retranché dans la forêt de la Hunaudaie et dont les antennes passaient par Sainte-Brigitte, Maria-Barbara savait visiblement de quoi il s'agissait, et voyant que tout était perdu, elle ne se donnait pas la peine de feindre l'ignorance, alors que lui, Edouard, le fier organisateur des réseaux clandestins parisiens, tombait des nues et se sentait de plus en plus ridicule en continuant d'affirmer que c'était lui, et lui seul, le responsable de tout, et que l'implication de Maria-Barbara dans cette affaire provenait d'un malentendu.

Finalement, on lui refusa la permission d'accompagner Maria-Barbara à Dinan, et il fut seulement convenu que le lendemain Méline se rendrait à la maison d'arrêt avec une valise de vêtements destinés à la prisonnière.

Elle partit sans un mot d'adieu, sans un regard en arrière pour cette maison dont elle était l'âme, pour cette foule d'enfants dont elle était la terre nourricière. Edouard monta s'enfermer dans une chambre du premier. Il ne reparut que tard dans la journée du lendemain. Nous avions quitté la veille un homme dans la force de sa seconde jeunesse, nous vîmes descendre à nous d'un pas mécanique un vieillard au visage ravagé dont l'oeil avait la rondeur et la fixité du gâtisme.

Si l'arrestation de Maria-Barbara avec seize membres du personnel des ateliers et de l'institution fut pour Edouard le début de la vieillesse, elle marqua pour nous la fin de l'enfance, l'entrée dans l'adolescence.

Né dans le sein de sa mère, porté par le ventre de sa mère, l'enfant monte après sa naissance à la hauteur de ses bras noués en berceau et de sa poitrine qui le nourrit. Vient enfin le jour où il faut partir, rompre avec la terre natale, devenir soi-même amant, mari, père, chef de famille. Au risque de lasser, je répète que la vision gémellaire des choses — plus riche, plus profonde, plus vraie que le point de vue ordinaire — est une clé qui livre bien des révélations, y compris dans le domaine des sans-pareil.

En vérité, l'enfant ordinaire né sans jumeau, l'enfant singulier, ne se console pas de son isolement. Il est affecté de naissance d'un déséquilibre dont il souffrira toute sa vie, mais qui dès son adolescence va l'orienter vers une solution, le mariage, imparfaite, boiteuse, vouée à tous les naufrages, mais enfin consacrée par la société. En perte d'équilibre congénital, l'adolescent singulier s'appuie sur une compagne aussi labile que lui, et de leurs doubles trébuchements naissent le temps, la famille, l'histoire humaine, la vieillesse... Ce partenaire imparfait que l'adolescent singulier cherche en tâtonnant loin de chez lui, à travers le monde, le jumeau le trouve d'emblée en face de lui, dans la personne de son frère-pareil. Pourtant on peut — on doit — parler d'une adolescence gémellaire qui tranche profondément sur l'enfance gémellaire. Car avant la date maudite du 21 mars 1943, Maria-Barbara était notre lien. La cellule gémellaire roulait maintenant dans l'infini, libérée du socle maternel sur lequel elle avait jusque-là reposé.

Quéstions:

1   Quel est le grand amour du personnage principal du roman *Le Roi des Aulnes*?
2   Pourquoi l'appelle-t-on l'Ogre?
3   Quel est le thème de *Les Météores*?
4   Qui est Jean-Paul?
5   Qui reste fidèle à l'intégrité gémellaire?
6   Quel est l'effet ironique de l'histoire de l'arrestation?
7   Est-ce que le père s'en rend compte?
8   Quelle est l'attitude de la mère?
9   Quelle est la conséquence de la disparition de la mère pour le père et pour les jumeaux?
10 Pourquoi l'enfant ordinaire est-il déséquilibré?
11 Quelle solution cherche-t-il?
12 Pourquoi le jumeau est-il favorisé?

44   Patrick Modiano

(1945)

Bien que Modiano soit né après la guerre, ses premiers romans se passent sous l'occupation. Le milieu qu'il y décrit est peuplé d'individus louches, de collaborateurs avec les Allemands. "*Je me penche sur ces déclassés, ces marginaux, pour retrouver, à travers eux, l'image fuyante de mon père. Je ne sais presque rien de lui. Mais j'inventerai,*" dit-il dans *Les Boulevards de Ceinture* (1973). Dans ce livre le narrateur fait revivre une époque qu'il n'a pas connue, pour qu'il puisse aller au secours de son père juif, homme assez louche d'ailleurs, mais humilié par son entourage.

Dans *Villa Triste* (1975) on trouve encore le thème du retour vers le passé. Mais cette fois les événements se situent au début des années '60. Un jeune homme revient dans une petite ville près de la frontière suisse, où, quinze ans plus tôt, il s'est réfugié quelques mois, à cause de la situation menaçante qui régnait à Paris. Il évoque le milieu mondain de la station thermale et les personnages qu'il y a rencontrés, comme l'étrange docteur Meinthe et Yvonne chez qui il a habité mais qui a disparu de sa vie.

.

J'ai quitté les Tilleuls pour habiter avec elle à l'Hermitage.
Un soir, ils sont venus me chercher, Meinthe et elle. Je venais de dîner et j'attendais au salon, assis tout près de l'homme à tête d'épagneul triste. Les autres attaquaient leur canasta. Les femmes bavardaient avec Mme Buffaz. Meinthe s'est arrêté dans l'encadrement de la porte. Il était vêtu d'un costume rose très tendre, et de sa pochette pendait un mouchoir vert foncé.
Ils se sont retournés vers lui.
— Mesdames... Messieurs, a murmuré Meinthe en inclinant la tête. — Puis il a marché vers moi, s'est raidi: — Nous vous attendons. Vous pouvez faire descendre vos bagages.
Mme Buffaz m'a demandé, brutalement:
— Vous nous quittez?
Je baissais les yeux.

— Ça devait arriver un jour ou l'autre, Madame, a répondu Meinthe d'un ton sans réplique.

— Mais il aurait pu au moins nous prévenir d'avance.

J'ai compris que cette femme éprouvait une haine subite à mon égard et qu'elle n'aurait pas hésité à me livrer à la police, sous le moindre prétexte. J'en étais attristé.

— Madame, ai-je entendu Meinthe lui répondre — ce jeune homme n'y peut rien, il vient de recevoir un ordre de mission signé de la reine des Belges.

Ils nous dévisageaient, pétrifiés, leurs cartes à la main. Mes habituels voisins de table m'inspectaient d'un air à la fois surpris et dégoûté, comme s'ils venaient de s'apercevoir que je n'appartenais pas à l'espèce humaine. L'allusion à la "reine des Belges" avait été accueillie par un murmure général, et lorsque Meinthe, voulant sans doute tenir tête à Mme Buffaz qui lui faisait face, les bras croisés, répéta en martelant les syllabes:

— Vous entendez madame? *La reine des Belges...*, le murmure s'enfla et me causa un pincement au coeur. Alors Meinthe frappa le sol du talon, il tendit le menton et lança très vite, en bousculant les mots:

— Je ne vous ai pas tout dit, madame... *La reine des Belges*, c'est moi...

Il y eut des cris et des mouvements d'indignation: la plupart des pensionnaires s'étaient levés et formaient un groupe hostile, devant nous. Mme Buffaz avança d'un pas et je craignais qu'elle ne giflât Meinthe, ou qu'elle ne me giflât, moi. Cette dernière possibilité me paraissait naturelle: je me sentais seul responsable.

J'aurais aimé demander pardon à ces gens, ou qu'un coup de baguette magique rayât de leur mémoire ce qui venait d'arriver. Tous mes efforts pour passer inaperçu et me dissimuler dans un lieu sûr avaient été réduits à néant, en quelques secondes. Je n'osais même pas lancer un dernier regard autour du salon où les après-dîners avaient été si apaisants pour un coeur inquiet comme le mien. Et j'en ai voulu à Meinthe, un court instant. Pourquoi avoir jeté la consternation parmi ces petits rentiers, joueurs de canasta? Ils me rassuraient. En leur compagnie je ne risquais rien.

Mme Buffaz nous aurait volontiers craché du venin en plein visage. Ses lèvres s'amincissaient de plus en plus. Je lui pardonne. Je l'avais trahie, en quelque sorte. J'avais secoué la précieuse horlogerie qu'étaient les Tilleuls. Si elle me lit (ce dont je doute; et d'abord les Tilleuls n'existent plus), je voudrais qu'elle sache que je n'étais pas un mauvais garçon.

Il a fallu descendre les "bagages" que j'avais préparés l'après-midi. Ils se composaient d'une malle-armoire et de trois grandes valises. Elles contenaient de rares vêtements, tous mes livres, mes vieux bottins, et les numéros de *Match, Cinémonde, Music-hall, Détective, Noir et blanc* des dernières années. Cela pesait très lourd. Meinthe, voulant déplacer la malle-armoire, a failli se faire écraser par elle. Nous sommes parvenus, au prix d'efforts inouïs, à la coucher transversalement. Ensuite, nous avons mis une vingtaine de minutes pour la traîner le long du couloir, jusqu'au palier. Nous étions arc-boutés, Meinthe devant, moi derrière, et le souffle nous manquait. Meinthe s'est allongé de tout son long sur le plancher, les bras en croix, les yeux fermés. Je suis retourné dans ma chambre et, tant bien que mal, en vacillant, j'ai transporté les trois valises jusqu'au bord de l'escalier.

La lumière s'est éteinte. J'ai tâtonné jusqu'au commutateur mais j'avais beau le manoeuvrer, il faisait toujours aussi noir. En bas, la porte entrouverte du salon laissait filtrer une vague clarté. J'ai distingué une tête qui se penchait dans l'entrebâillement: celle, j'en étais presque sûr, de Mme Buffaz. J'ai compris aussitôt qu'elle avait dû enlever un des plombs pour que nous descendions les bagages à travers l'obscurité. Et cela m'a causé un fou rire nerveux.

Nous avons poussé la malle-armoire jusqu'à ce qu'elle soit à moitié engagée dans l'escalier. Elle restait en équilibre précaire sur la première marche. Meinthe s'est agrippé à la rampe et a lancé un coup de pied rageur: la malle a glissé, rebondissant à chaque marche, et faisant un bruit épouvantable. On aurait cru que l'escalier allait s'effondrer. La tête de Mme Buffaz s'est de nouveau profilée dans l'entrebâillement de la porte du salon, entourée de deux ou trois autres. J'ai entendu glapir: "Regardez-moi ces salopards..." Quelqu'un répétait d'une voix sifflante le mot: "Police." J'ai pris une valise dans chaque main et j'ai commencé à descendre. Je ne voyais rien. D'ailleurs je préférais fermer les yeux et compter tout bas pour me donner du courage. Un-deux-trois. Un-deux-trois... Si je trébuchais, je serais entraîné par les valises jusqu'au rez-de-chaussée et assommé sous le choc. Impossible de faire une pause. Mes clavicules allaient craquer. Et cet horrible fou rire me reprenait.

La lumière est revenue et m'a ébloui. Je me trouvais au rez-de-chaussée, entre les deux valises et la malle-armoire, hébété. Meinthe me suivait, la troisième valise à la main (elle pesait moins lourd parce qu'elle ne contenait que mes affaires de toilette) et j'aurais bien voulu savoir qui m'avait donné la force d'arriver vivant jusque-là. Mme Buffaz m'a tendu la note que j'ai réglée, le regard fuyant. Puis elle est entrée dans le salon et a claqué la porte derrière elle. Meinthe s'appuyait contre la malle-armoire et se tamponnait le visage de son mouchoir roulé en boule, avec les petits gestes précis d'une femme qui se poudre.

— Il faut continuer, mon vieux, m'a-t-il dit en me désignant les bagages, continuer...

Quéstions:

1 Quelle époque semble obséder cet auteur?
2 Quels personnages trouve-t-on dans ses premiers livres?
3 Quel thème retrouve-t-on dans Villa Triste?
4 Qui habitent les Tilleuls?
5 Pourquoi le narrateur avait-il choisi cette pension?
6 Pourquoi est-on indigné?
7 Pourquoi la malle est-elle si lourde?
8 Comment arrivent-ils à la descendre?
9 Pourquoi est-ce que le narrateur commence à rire?
10 Il règle la note "le regard fuyant". Pourquoi?

Aperçu

XVIe siècle:**Humanisme** et **Renaissance** de la civilisation gréco-romaine
(*Rabelais, Ronsard, du Bellay*).

En politique:
François I et guerres d'Italie (1515—59); Guerres de religion
(1562—98); Henri IV (1589—1610).

XVIIe siècle:**Classicisme** (1660—1685):
Règles inspirées des auteurs classiques.
Universalité
Littérature psychologique: *Corneille, Racine*
Littérature moraliste: *Molière, La Fontaine.*

En politique:
Louis XIII (1610—43) dont le ministre Richelieu combat les
protestants et les nobles et prépare la monarchie absolue;
Louis XIV (1643—1715), le Roi-soleil.

XVIIIe siècle:**Siècle des lumières:**
Rationalisme
Littérature philosophique (= critique)
Goût de la vie de société. (*Voltaire*)

Préromantisme:
Sentiment de la nature et goût de la simplicité
champêtre (*Rousseau*).

En politique:
Politique ruineuse de Louis XV (1715—74); faiblesse de
Louis XVI (1774—93); Révolution (1789); Empire (1804—
15), période de grandeur militaire.

± 1820: **Romantisme:**
Liberté dans l'art; sensibilité, goût de la nature et du
pittoresque
(*Chateaubriand, Hugo, Musset*).

En politique:
Restauration (1815—30) et Monarchie de Juillet (1830—48):
civilisation matérialiste et bourgeoise.

± 1850: **Réalisme:**
Objectivité; descriptions détaillées
(*Flaubert*).

En politique:
Second Empire (1852—70): Napoléon III. Expansion écono-
mique. Importance de la petite bourgeoisie: employés, fonc-
tionnaires.
Formation du prolétariat urbain.

± 1870: **Naturalisme:**
Théories scientifiques (déterminisme)
(*Zola.*)

Symbolisme:
Art musical et évocateur
(*Verlaine, Rimbaud*).

En politique:
Guerre franco-allemande (1870, 71) et Commune.
Troisième République (1875—1940). Affaire Dreyfus (1894
—1906).
Apogée du capitalisme ⟵→ socialisme, syndicalisme.

± 1920: **Surréalisme:**
Exploration de l'inconscient
(*Breton, Eluard, Aragon*).

En politique:
Première guerre mondiale (1914—18).
En Russie: révolution communiste (1917).

± 1930:   Littérature de la **Condition humaine.**
Existentialisme
(*Saint-Exupéry, Mulraux, Camus, Sartre*).

En politique:
Crise financière et chômage massif.
En Allemagne: Hitler (1933—45).
En Espagne: guerre civile (1936—40).
Deuxième guerre mondiale (1939—45).
Bombe atomique (1945).

± 1950:   **Théâtre de l'Absurde:**
Crise du langage (*Ionesco*).

Nouveau roman:
Refus de l'anecdote (*Robbe-Grillet, Butor*).

En politique:
Guerres coloniales en Indochine et en Afrique du Nord.
Cinquième République: De Gaulle (1958—1969)
Révolte des étudiants (1968).